摔跤运动

李　明　张连强　编著

四川科学技术出版社
·成都·

图书在版编目(CIP)数据

摔跤运动/李明、张连强编著. —成都：四川科学技术出版社，2011.11（2023.9重印）

ISBN 978-7-5364-7313-3

Ⅰ. ①摔… Ⅱ. ①李…②张… Ⅲ. ①摔跤-基本知识 Ⅳ. ①G886.2

中国版本图书馆CIP数据核字（2011）第237791号

摔跤运动

SHUAIJIAO YUNDONG

编　　著　李　明　张连强

出 品 人　程佳月

责任编辑　李蓉君

封面设计　吴　强

版式设计　康永光

特约校对　贾　玲（陕西重管中心）

责任出版　欧晓春

出版发行　四川科学技术出版社

成都市锦江区三色路238号　邮政编码 610023

官方微博 http://weibo.com/sckjcbs

官方微信公众号 sckjcbs

传真 028-86361756

成品尺寸　170 mm × 230 mm

印　　张　12　字数 210 千

印　　刷　成都一千印务有限公司

版　　次　2011年11月第1版

印　　次　2023年9月第3次印刷

定　　价　48.00元

ISBN 978-7-5364-7313-3

邮购：成都市锦江区三色路238号新华之星A座25层　邮政编码：610023

电话：028-86361770

成都体育学院李明(左)与西安体育学院张连强教授合影

编者的话

摔跤具有健身防卫、简单易学的特点，多年来一直深受各国人民的喜爱。尤其是国际式摔跤，在国际上开展较为广泛，又是奥运会的比赛项目之一，这几年在我国得到迅速发展。为了进一步推动我国摔跤运动，适应大专院校和业余摔跤爱好者训练和比赛的需要，我们编写了《摔跤运动》一书。

本书分为两部分：第一部分为国际摔跤，重点介绍古典式摔跤和自由式摔跤。第二部介绍中国式摔跤。两部分分别介绍了基本功、技术与战术训练、心理、选材及竞赛组织等，重点突出如何利用各种手法、把位等摔跤技术，为基层训练比赛提供一些方法、依据。

古老的中国式摔跤是中华武术宝库中的瑰宝，它集体育与竞技、修身与养性、健身与防身、品德教育于一体，讲究武德与尚武精神，注重礼节与礼仪，重在培养人的顽强果断、吃苦耐劳、忍耐克己、不屈不挠、积极向上的意志品德，养成礼让、谦逊的品德。

在编写本书过程中，征求了许多摔跤老专家、教练员、裁判员的意见，得到了他们的大力支持与帮助，他们是王德英、林炤、章守律、黄斌、周法昶、董家龙、李宝如等老师和国家体育总局重管中心的领导以及马建国、高文和、刘好学、张小平等学友，我校系领导张培峰主任对本书的编写也给予了极大的关心和鼓励，在此真诚地向他们表示衷心的感谢。

还要特别感谢四川鸿龙投资开发有限公司高红伟先生的鼎力支持及合作。

李　明

目　录

第一部分　国际式摔跤

第二部分　中国式摔跤

第一部分

国际式摔跤

第一章　概　论

第一节　国际式摔跤的起源和发展

摔跤是两个人徒手在直接接触中进行较量的一项体育运动，是两个人身体接触中的格斗。摔跤不仅能表现出运动员的勇敢机智，而且能显示出自己的力量，是一项紧张激烈引人入胜的竞技体育。因此，在世界范围内广泛开展，经久不衰。

摔跤是人的本能运动，摔跤运动是人类历史最悠久的最古老的体育项目之一。古代摔跤是为适应社会生活需要而产生的。摔跤运动产生于原始社会，最初人民为了生存，在狩猎和部落之间的战争中徒手进行，以求得食物和自卫。

一、古希腊罗马摔跤

希腊是世界文明古国之一，古希腊非常崇尚摔跤运动。相传，神话中的英雄捷谢伊——雅典民主奠基人，从雅典女神那里学来了摔跤规则，从而发展了摔跤运动。古希腊的一些文学作品可以证实，摔跤在古希腊相当普及。当时有人这样说过："摔跤是最完善、最全面、最协调的一项运动，它是全部体育运动的结晶。"所以，当时希腊有许多著名的哲学家、诗人和军事将领都是摔跤高手。

据文献记载，公元前 708 年，第 18 届古代奥运会时就把摔跤列为比赛项目，公元前 632 年，第 37 届古代奥运会就把青少年摔跤列入比赛项目。当时奥运会比赛共进行 5 天，摔跤比赛就在第四天进行。比赛在沙土地上进行，规则也比较简单，比赛不分体重级别，不受时间限制。如果比赛时间太长，允许双方运动员站着或蹲下休息，然后继续比赛，直至决出胜负。规则还规定禁止使用拳头击打对方。每场比赛以三跤为胜，只要把对方摔倒使身体的某一部位着地，就算赢一跤。古罗马作家瑟涅卡所著的《论善行》中就有这样的记载："被摔倒过三次的运动员便判为失败。"比赛中采用淘汰制，获胜者再相互比赛，直至最后一人获胜。比赛结束后，获胜者要举行一次庆祝活动，首先由获胜者庄严宣誓，并进行献祭，接着大家便饮酒作乐。这种活动一般都是当天晚上开始，直到第二天清晨结束。

比赛前，运动员要全身涂一层橄榄油，据说目的是为了滋润皮肤，防止被烈日晒伤。比赛结束后，运动员便用金属小刀或骨制刮刀刮去身上的油污和沙粒、泥土。

比赛中，运动员经常采用的技术有推、拉、抱、绊等。而抱腿是运动员最喜欢使用的一种技术。比赛时，光战胜对手还不够，动作还必须优美，所以，古希腊人称摔跤是“科学和艺术”的一项运动。

为了参加古代奥运会，运动员要进行训练。在训练场地上先洒一些水，然后再铺上一层细土，以使沾上泥土的身体更滑，这样能增加抓握的难度，用以提高技术，同时，运动员摔在泥土上也不至于受伤。

古代的摔跤多是裸体进行，最多系一根带护身的腰带。比赛不分体重级别，没有时间限制，直到摔到筋疲力尽，没有抵抗能力为止。

古罗马受希腊文化的影响，摔跤也很盛行，罗马人把摔跤列为马戏项目之一。第一次职业摔跤比赛于公元前 284 年在罗马举行。当时已有专门训练摔跤手的角斗士学校。

二、古典式摔跤和自由式摔跤的形成

随着人类的发展、时代的变迁，古典式摔跤和自由式摔跤先后形成。罗马人征服希腊以后，积极发展希腊的摔跤运动，结果形成了希腊－罗马式摔跤。即现在古典式摔跤。古典式摔跤的特点是：①只许用手臂、躯干、头颈进攻，不许用腿使绊；②只许握抱头颈、上肢、躯干，不许握抱下肢；③禁止使用一切反关节和窒息、致痛的动作，如踢、打、踹等；④从站立开始，摔到双肩着地为止；⑤穿背心和短裤。

1892 年在法国举行了第一届世界古典式摔跤锦标赛。1896 年举行的第一届现代奥运会上就把古典式摔跤列为正式比赛项目。并从 1904 年起每年举行一次世界性古典式摔跤竞标赛。

自由式摔跤兴起于 18 世纪末的欧洲，19 世纪定型于英国。1904 年举行的第 3 届现代奥运会把自由式摔跤列为正式比赛项目。

1914 年成立了“国际业余摔跤联合会”，根据该会章规定，古典式摔跤、自由式摔跤被列为国际比赛项目。

过去的摔跤比赛不论体重大小都在一起摔，不按体重分级别进行。在 1904 年奥运会上，摔跤比赛才开始按体重分级别进行。直到 1920 年比利时举行的第七届奥运会上才有了比赛时间的限制。

第二节　我国摔跤运动的起源和发展

一、我国的古典式摔跤、自由式摔跤的传入

古典式摔跤、自由式摔跤在我国开展较晚。1955 年，北京体育学院教师王德英在校领导的支持和鼓励下，开始研究和练习古典式摔跤和自由式摔跤（为与中国式摔跤区别，又因这两种摔跤是国际上正式比赛的摔跤，故统称国际式摔跤）。1956 年北京体育学院的教师和学生在全国摔跤（中国式）锦标赛上进行了古典式、自由式摔跤表演，简单地介绍了基本技术和规则，为我国开展古典式摔跤和自由式摔跤迈出了第一步。1958 年 4 月，国家体委在北京体育学院举办了“国际摔跤教练员训练班”，为我国培养了第一批古典式摔跤和自由式摔跤教练员，从此古典式、自由式摔跤在我国广泛地开展起来。同年 10 月，在北京举行了全国体育学院古典式摔跤和自由式摔跤比赛。1959 年 4 月在上海举行了第一届全国古典式摔跤和自由式摔跤锦标赛，参赛的有 22 个省、市、自治区的 295 名运动员。

1959 年，在第一届全国运动会上，古典式、自由式摔跤列为表演项目。第二届全国运动会上成为正式比赛项目。自第四届全国运动会开始，古典式、自由式摔跤均为正式比赛项目。

二、停顿与恢复

第一次停顿

1960 年由于自然灾害，全国比赛停止举行。1964 年在合肥举行了全国古典式摔跤和自由式摔跤比赛，当时只有 10 个单位、80 名运动员参赛。同年迎战亚洲强队印度尼西亚自由式摔跤队，我队以绝对优势取胜。

第二次停顿

1965 年全国古典式和自由式摔跤很快开展起来，技术战术水平和运动素质明显提高，正当我国摔跤运动发展的高潮，遭到了十年动乱的严重干扰，摔跤训练完全停止。1966 年我国摔跤队迎战了世界摔跤劲旅日本队。在这次比赛中，我

国古典式摔跤略占优势，自由式摔跤稍逊色。同年，我国派两名运动员参加了在柬埔寨金边举行的亚洲新兴力量运动会，蒋运启获古典式中量级冠军。此后，全国摔跤活动完全停顿。1974 年我国临时决定参加在伊朗德黑兰举行的第七届亚运会摔跤比赛。当时抽调了三名运动员，训练了 20 天就去比赛，由于停训，技战术生疏，体力不济，不懂规则（没有教练员参加）全被淘汰。

三、再次腾飞

1977 年恢复全国摔跤运动。

1980 年国家体委派王德英、王纯白二人去前南斯拉夫参加了世界高级教练员和裁判员会议。二位代表回国后，在秦皇岛举办了全国教练员训练班，解决和澄清了许多模糊不清的训练和规则问题，使我国的古典式和自由式摔跤与世界摔跤运动接轨。此后，这项摔跤比赛每年举行。上半年是锦标赛和下半年是冠军赛。现在还有青年锦标赛和少年锦标赛。

1981 年在前南斯拉夫举行的世界自由式摔跤锦标赛中，我国运动员高文和荣获 48 公斤级第六名。这是我国摔跤运动员在世界锦标赛中第一次登上领奖台。

1983 年在美国举行的世界青年锦标赛中，我国青年选手冯尚君获自由式摔跤 82 公斤级第二名，这是我国国旗在世界摔跤比赛场上第一次升起。

1984 年在美国洛杉矶举行的第 23 届奥运会上，我国摔跤运动员呼日查获得古典式 52 公斤级第四名，高文和获得自由式 48 公斤级第四名。1985 年，我国古典式摔跤运动员黄文贵和邓学文在世界青年中获得 48 公斤级和 57 公斤级冠军。1986 年在匈牙利布达佩斯举行的第 23 届世界自由式摔跤锦标赛中，李明获得自由式摔跤 48 公斤级第四名。1988 年在汉城第 24 届奥运会上，杨长岭保住了我国古典式摔跤第四名的成绩。自由式摔跤全军覆没。1990 年在北京举行的第十一届亚运会上，中国运动员宝玉和呼日嘎分别荣获古典式摔跤 100 公斤级和 130 公斤级冠军，实现了成年比赛“零”的突破，自由式选手曲忠东荣获亚军。1992 年巴塞罗那 25 届奥运会上我国选手盛泽田获古典式摔跤 52 公斤级第三名，这是我国摔跤运动员第一次获得奥运会奖牌。

四、女子摔跤

女子摔跤是近些年开展起来的一个女子体育项目，世界上已举办过多次女子摔跤邀请赛。1984年国际业余摔跤联合会承认了女子摔跤运动。女子摔跤只设自由式摔跤一项。规则和男子自由式摔跤一样。1989年,在瑞士马蒂格尼举办了第一届女子摔跤锦标赛。

我国于1988年在部分省、市和体育学院试行开展女子摔跤。同年10月在成都举办了首届女子摔跤邀请赛,参赛的有14个单位。此后,女子摔跤在我国发展较快,形势喜人。1989年在南京举行的第一届女子摔跤锦标赛,全国就有16支代表队117名“娘子军”参赛。1991年,我国首次派出北京体育学院四名女学生参加在日本东京举行的第三届世界女子摔跤锦标赛,一举获得三金一银的好成绩,继而我国北京体育学院五名女大学生在1992年第四届女子摔跤锦标赛上又获得四金一铜和总分第一的好成绩。此后,在1993年和1995年第五届、第七届世界女子摔跤锦标赛中均获得好成绩(第六届我国未参加)。女子摔跤项目2000年列入奥运会,2004年和2008年两届奥运会上我国女将王旭和王娇均获得冠军。

五、参加国际摔跤联合会

“国际业余摔跤联合会(FILA)”简称“摔联”,于1911年成立,总部设在瑞士洛桑,主管世界业余摔跤活动。1953年国际摔联接纳我国为临时会员。1954年5月20日在日本东京举行的国际摔联代表大会通过了我国为正式会员国。1958年我国为抗议在国际摔联制造两个中国的阴谋而退出了国际摔联。1974年经过斗争和国际友好人士的支持,又恢复了我国的合法席位。

我国的古典式和自由式摔跤从无到有,三起两落,50多年来可谓饱经沧桑,道路坎坷,有过可喜的成绩,也有痛苦的教训,曾经有过较高的水平,也有过徘徊、甚至跌落的岁月,只有在党的十一届三中全会后,我国的古典式和自由式摔跤才走上了正常持续发展的大道。

第二章　摔跤的分类和术语

第一节　摔跤的分类

现在世界各各国、地区、各民族流行着各种形式的摔跤，各种摔跤都有其摔跤特点，不同的特点把各种摔跤区分开来。摔跤的分类也正是由以下四方面来决定的。①决定胜负的标准；②允许使用的动作；③运动员的服装；④比赛时间。

根据上述四个特点把摔跤运动分为以下六大类。

1. 不用腿使绊、不抓握下肢的站立摔跤。如：哈萨克、俄罗斯摔跤以及我国的藏族摔跤。

2. 用腿使绊、不抓握下肢的站立摔跤。如：格鲁吉亚摔跤、吉尔吉斯摔跤，我国的蒙古摔跤（搏克）以及维吾尔族摔跤。

3. 手腿使绊的站立摔跤。如：日本的相扑，朝鲜摔跤以及我国的中国式摔跤。

4. 不用腿使绊、不抓握下肢的站立和跪撑摔跤。如：古典式摔跤。

5. 手腿使绊的站立和跪撑摔跤。如：自由式摔跤、伊朗摔跤、我国的云南摔跤。

6. 手脚使绊，可以用使对方痛的动作的站立和跪撑摔跤。如：桑博摔跤、柔道、美国自由式摔跤。

第二节　国际式摔跤的术语

为了便于教学训练和交流经验，故有必要规范和统一国际式摔跤的术语。

1. 站立姿势——也称站架。指摔跤运动员两脚着地的站立姿势（后面还有详细介绍）。

2. 站立摔跤——两人站立面对面的进行的摔跤。

3. 跪撑摔跤——或称跪撑角斗，是指一人在上面进攻，一人在下面防守、反攻的摔跤。或两人，一人倒地后，在垫面上进行的摔跤。

4. 抱握——指手与手臂的动作。如提握对方头颈躯干腿等

5. 正握——虎口对着对方的头或四肢方向的握法。

6. 反握——虎口对着对方的手或四肢方向的握法。

7. 正抱——头向着对方头的抱法。

8. 反抱——头向着对方的手或脚的抱法。

9. 挟——指臂的动作。是指大小臂挟住对方某一部位。如 正挟反挟。

10. 倒地——从站立安全倒在地上。

11. 方法——把对方摔到或跪撑角斗时,把对手翻转得分的动作。

12. 绝招——根据自己特点制定的,用熟练并有一定效果的方法。

13. 方法联合(或配套)——连贯的一个接一个的方法。

14. “头桥”、“半桥”、过头翻、饶头跑——(后面有详细的解释。)

15. 危险状态——身体与垫子的夹角小于 90°。

16. 搭勾——用自己的手指相互勾住。

17. 搭扣——用自己的手握住另一只手的腕部或前臂。

18. 搭握——用自己的一手与另一只手垂直、手心相对握住。

19. 绕臂——右例。对手伸右臂来抓握时,用自己的左臂格挡,接着用屈腕压对方小臂并绕环于腋下时伸右臂用右手从里面握住对方右大臂向自己右后方用力将对手拉过来,同时上左步,左手换抱对手的腰部,在后面把持住。

20. 接臂——右例。左手按住对方右手腕向右用力 然后撒手,右手从里面握住对手右大臂向自己右后方用力,将对手拉过来,同时上左步,左手换握对手腰部,在后面把持住对手。

21. 摘臂——对手右手握住我颈部,左手从外面反握对手的右大臂,右手握住对手握颈的手(或手腕),然后双手向斜下方拉,同时向右转体。

22. 转移——用各种摔法或动作,将对手摔成俯撑或跪撑,并在后面控制。

23. 散手——指双方运动员两手臂不直接抱握对手任何部位,形成单独的游离体。

24. 握臂插捧——一手握住对手一臂,另一臂从对手腋下插过去抱握住对手肩部或背部。

25. 上下锁臂——这是双方的手臂的动作。一个人用一臂从对手一臂腋下插过去,对手被插的手臂,由外向里圈住对手插捧的大臂。

26. 外控制臂——也叫外拿臂,一方运动员在对手一臂外面(或体侧)用双手控制对手的一臂。具体的讲,一手握大臂,一手握其手腕(或小臂)。

27. 里控制臂——也称里拿臂。一方运动员在对手一臂内侧,用双手控制对手的一臂。

28. 钻扛—— 一手握住对手大臂,头潜入对手被握臂的腋下,另一手抱腿,抱腰或抱臂,将对手扛在肩上的摔法。

29. 折—— 双手抱握对手的躯干,腰部或大臂,将对手向后折倒的动作。

30. 过胸——向后摔的一种形式。将对手抱起向后摔时,空中转体,通过胸部将对手摔过去。

31. 过桥——也是向后摔的一种形式。将对手抱起向后摔时,空中不转体,通过后倒或桥将对手摔过去。

32. 抱提——指一方运动员双手搭勾(搭扣)抱握对手躯干(或大腿)将跪撑或俯撑的运动员从垫面上提起的一种摔法。

33. 正抱提——头与被抱提对手头方向一致。

34. 反抱提——头向被抱提的脚方向的抱提。

35. 翻上——跪撑角斗时,处于下面的运动员翻到进攻队员的上面。

第三节　古典式、自由式摔跤的技术分类

由于国际摔跤技术繁多,而且技术动作日趋连贯复杂,可根据摔的方向,摔时抱握的部位(或抓握的部位)、技术特点、进攻部位等,将古典式摔跤、自由式摔跤的技术分为三大类,即站立技术、跪撑技术和连接技术。其分类情况详见下图。

一、古典式摔跤技术分类

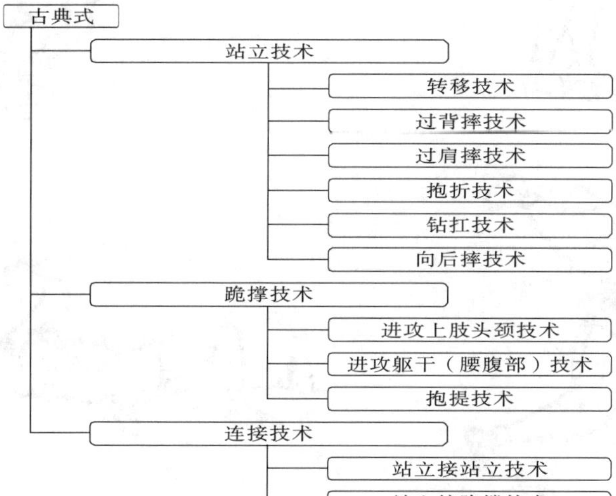

古典式摔跤技术分类图

(一)古典式站立摔跤技术图

1. 潜入转移

图 1

图 2

图 3

2. 挟颈背

图 1

图 2

图 3

图 4

3. 背摔

图 1

图 2

图 3

4. 搭扣背

图 1

图 2

5. 双手抱单背摔

图 1

图 2

6. 锁单臂背

图 1

图 2

7. 捧双臂背

图 1

8. 反挟颈背

图 1

9. 过肩摔

图 1

图 2

图 3

图 4

10. 正抱过胸过桥摔

图 1

图 2

图 3

图 4

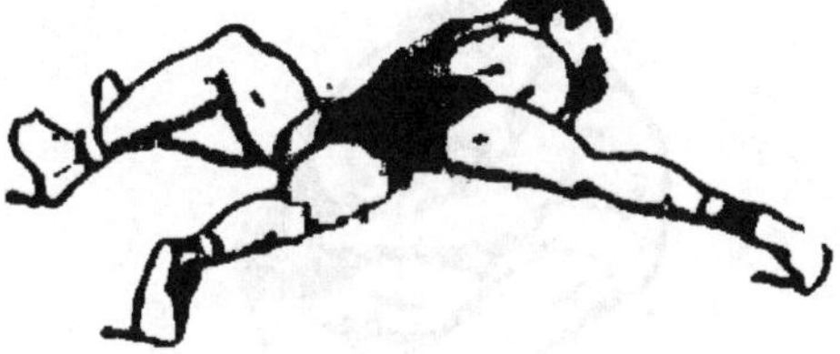

图 5

11. 反握肩颈向侧摔

图 1

图 2

图 3

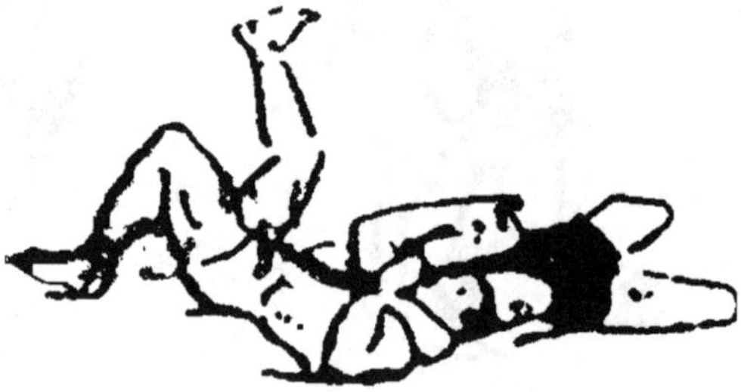

图 4

12. 反握颈向后过桥摔

图 1

图 2

图 3

图 4

13. 钻扛摔

图 1

图 2

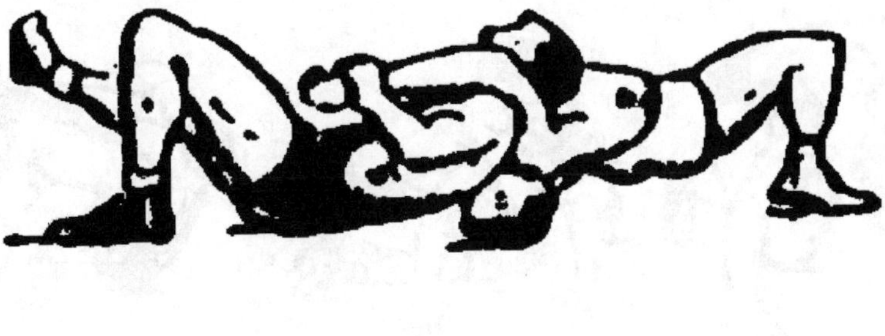

图 3

14. 抱折

图 1

图 2

图 3

图 4

(二)古典式跪撑技术图

1. 抱双臂向侧翻

图 1

图 2

图 3

2. 里面腋下握颈翻

图 1

图 2

图 3

3. 反抱躯干翻

图 1

图 2

图 3

4. 单挟臂滚

图 1

图 2

图 3

5. 双挟臂滚

图 1

图 2

图 3

6. 后抱腰滚桥翻

图 1

图 2

图 3

图 4

图 5

7. 翻上

图 1

图 2

8. 正抱提

图 1

图 2

图 3

图 4

二、自由式摔跤技术分类

- 自由式
  - 站立技术
    - 转移技术
    - 腿攻腿技术
    - 抱腿技术
      - 扣腿技术
      - 头在外面抱单腿技术
      - 头在里抱单腿技术
      - 抱双腿技术
      - 穿腿摔
      - 云南抱腿摔
    - 手脚并用攻腿技术
  - 跪撑技术
    - 进攻上肢躯干技术
    - 进攻下肢技术
    - 进攻上下肢技术
    - 下肢进攻上肢技术
  - 连接技术
    - 站立接站立技术
    - 站立接跪撑技术
    - 跪撑接跪撑技术

自由式摔跤技术图示

（一）自由式摔跤抱腿摔技术图

1. 扣腿摔

图 1

图 2

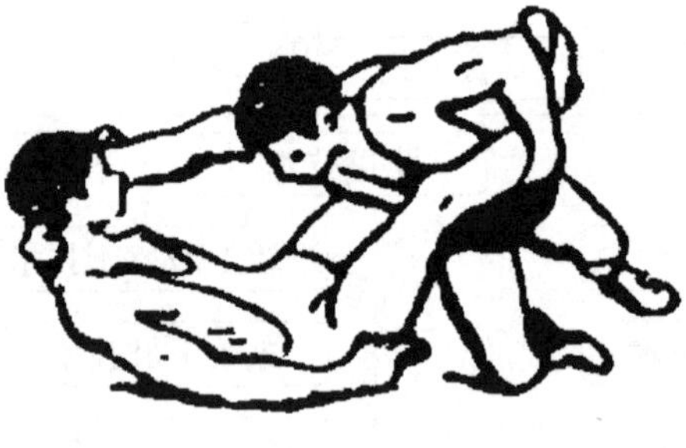

图 3

2. 头在外抱单腿摔

图 1

图 2

图 3

3. 头在里抱单腿摔

图 1

图 2

图 3

4. 冲抱双腿摔

图 1

图 2

图 3

图 4

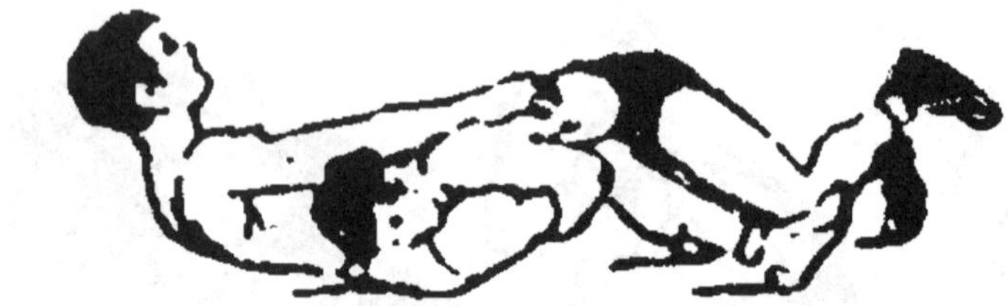

图 5

5. 抱双腿摔

图 1

图 2

图 3

6. 跪抱双腿摔

(a)

图 1

图 2

图 3

图 4

(b)

图 1

图 2

图 3

图 4

7. 穿腿摔

（a）

图 1

图 2

图 3

图 4

（b）

图 1

图 2

图 3

（c）

图 1

图 2

图 3

8. 抱单腿转移

图 1

图 2

9. 云南抱腿摔

图 1

图 2

图 3

图 4

10. 手别摔

图 1

图 2

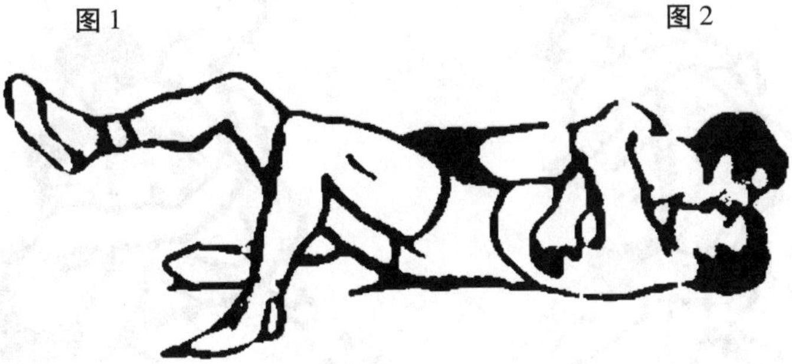

图 3

11. 里勾腿摔

图 1

图 2

图 3

12. 外搂腿摔

图 1

图 2

13. 抱腿勾腿摔

图 1

图 2

图 3

图 4

(二) 自由式跪撑技术图

1. 抱双臂向侧翻

图 1

图 2

图 3

2. 双挟臂翻

图 1

图 2

图 3

3. 交叉握小腿翻

图 1

图 2

图 3

图 4

图 5

图 6

4. 杠杆握小腿翻

图 1

图 2

图 3

5. 反抱大腿翻

图 1

图 2

图 3

6. 翻上

图 1

图 2

图 3

7. 反抱大腿提抱摔

图 1

图 2

图 3

8. 单骑缠腋下握颈翻

图 1

图 2

图 3

图 4

9. 双骑缠腋下握颈翻

图 1

图 2

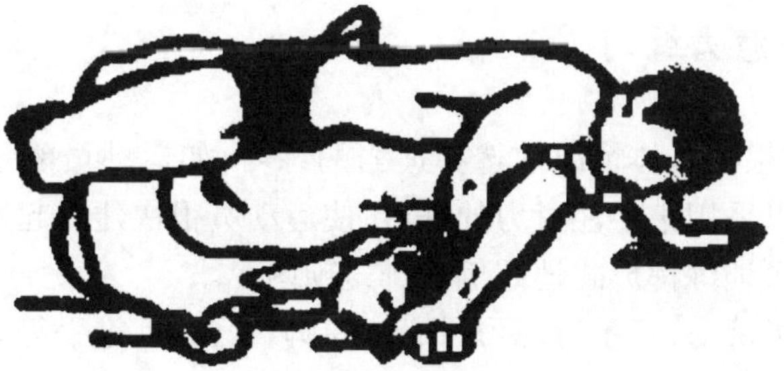

图 3

第三章　摔跤运动教学

第一节　准备活动与基本功

准备活动

准备活动的主要任务是使身体各器官系统迅速进入工作状态,为训练做好充分准备。同时,通过各种活动,使身体各器官和肌肉适应训练活动的要求,预防运动创伤,提高身体素质。

准备活动按性质和任务可分为一般准备活动和专项准备活动。

准备活动的内容与组织方法应该是多种多样的,必须根据本次课的训练任务、摔跤项目的特点和运动员的状态,正确地组织和安排。摔跤一般性准备活动包括的内容有:

一、集中注意力练习

这项内容应根据具体情况而选择适当的练习,如运动员刚午休过后,精神有些不集中,就可以采用集中注意力的练习,使运动员很快建立起适宜的兴奋性,但要注意,不能每次训练都形式地照例安排这项内容。

例如:抓手指练习,打手背练习,拍肩,摸脚,踩脚,互推手等。

二、各类走、跑、跳练习

(一)走

走的种类很多,在垫上可采用的行走有:

1. 脚前掌行走:脚跟提起,只用前脚掌行走。
2. 脚后跟行走:脚前脚掌提起,用脚跟行走。
3. 脚内侧行走:用脚的内侧走。
4. 脚外侧行走:用脚的外侧走。
5. 大步行走:迈大步行走。
6. 弓箭步行走:向前压腿式行走。
7. 蜘蛛行走(M 行)。
8. 侧身走。
9. 竞走:与田径竞走相同。

(二)跑

各种跑的种类也较多在垫子上可采用的有:
1. 弹性慢跑:用脚前掌着地,带有弹性。
2. 向前踢腿跑:直腿向前摆腿。
3. 向后踢腿跑:分腿后踢和屈腿后踢,屈腿后踢跑要求腿跟触到臀部。
4. 外摆屈腿跑:屈腿外摆跑可加上手的拍出脚外侧或加肩绕环动作。
5. 向内踢腿跑:可做成中国式摔跤基本功盘腿的样式。
6. 交叉步跑:左右两个方向。
7. 侧身跑:同篮球侧身跑一样,左右两个方向。
8. 小步跑,跨步跑,高抬腿跑,同田径的跑要求一样。
9. 短程冲刺跑:分直线和周围跑两种。
10. 变相跑:身体左右晃动,突然变向。
12. 转方向跑:突然转 90°、180°跑。
13. 变速跑:击掌快与慢结合跑。
14. 摸地跑:跑几步后单手或左右手触垫子跑再继续。
15. 垫步跑:垫步各种方向踢腿跑。
16. 蛇形跑:队尾人开始从队中左右穿插跑。
17. 超人跑:队尾人从右侧(外侧)超过所有队员至队前领跑,队尾依次重复进行。
18. 各种反应跑。

(三)跳跃

1. 并双腿跳:并腿双足向前带弹性的跳。

2. 单足跳:单脚向前跳。
3. 平衡跳:燕式平衡,侧平衡跳。
4. 蛙跳、抱膝跳、全蹲跳
5. 各种分腿跳:前后纵叉跳,左右分腿跳,向前并腿跳,空中交换腿跳。
6. 篮球跳法:单脚或双脚急停跳投动作。三步上篮动作。
7. 排球跳法:扣球跳动作。
8. 足球跳法:狮子摆头顶球动作,正面头顶球动作
9. 武术跳法:二踢脚、旋风脚动作。
10. 跆拳道跳法:后踢跳,旋风踢脚。

三、体操

1. 定位操:队形定位做的各种体操。
2. 行进间操:在行进间进行的体操。
3. 关节操:以活动关节为主的体操。
4. 垫步操:用垫步形式做各种体操。
5. 双人体操:两人一组做各种体操。
6. 器械操:用木棍,绳做的体操。

四、爬行

1. 四肢高跪撑爬行:有手、膝爬行,肘膝爬行,托人爬行。
2. 四肢低爬行:有匍匐爬行,任意爬行,手肘爬行,托人爬行。

五、垫上集体游戏

1. 网鱼

游戏目的:发展学生的快速闪躲和反应能力及培养团结协作的精神。

游戏方法:选一人当捕鱼人,其他人都是“鱼儿”,游戏开始,捕鱼人手当网,来回奔跑捕“鱼”,“鱼儿”可以在规定的范围内跑动闪躲,也可以破网而出。没被捕鱼者抓住者即为捕鱼者,依次下去形成个大网(手拉手),直到把所有“鱼”全部捕完。

游戏规则:①“鱼”不能跑出“池塘”,也就是规定范围内,否则算被捉住。

②捕鱼人只能手拉手捕“鱼”,不能拉人、推人。

③捕鱼人手松开就算破网,“鱼”可以自由出入。

2. 老鹰捉小鸡

游戏方法:

游戏开始时前先分角色,即一人扮“母鸡”,一人扮“老鹰”,其余的扮“小鸡”。“小鸡”依次在“母鸡”后牵着衣襟排成一队,“老鹰”站在“母鸡”对面,做捉“小鸡”姿势。游戏开始时,“老鹰”叫着做赶“鸡”动作。“母鸡”身后的“小鸡”做惊恐状,“母鸡”极力保护身后的“小鸡”。“老鹰”再叫着转着圈去捉“小鸡”,众“小鸡”则在“母鸡”身后左躲右闪。若“老鹰”用手拍着“小鸡”的身子便算捉到了,“小鸡”便要从队里退下来。一场游戏结束后,重新分配角色,上一轮被抓到的“小鸡”则成为下一轮的“老鹰”。

游戏规则:

“鸡妈妈”后面依次是“小鸡仔”,“老鹰”不抓“鸡妈妈”,只能突破“鸡妈妈”的防线,抓住最后面的“小鸡”后,“老鹰”为胜。“鸡妈妈”为了防止“老鹰”抓住自己身后的“小鸡仔”,可以张开双臂,尽量拦住“老鹰”。“鸡妈妈”在拦的同时,可以大声喊着“老鹰”从哪边过来了等话语,告诉自己身后的“小鸡仔”们。“鸡妈妈”的身体为防止“老鹰”的捕捉,可以左右移动,在“鸡妈妈”身体左右移动的同时,“鸡妈妈”身后的“小鸡仔”们也随着以相同方向来转动,万一“老鹰”突破了“鸡妈妈”的防线,快要抓住最后面的“小鸡仔”时,“小鸡仔”立即蹲下,双手捂住耳朵,这样“老鹰”得重新站在“鸡妈妈”的前面,游戏重新开始。

3. 单轨列车

游戏方法:所有人都牵成一个圈,从中间断开,一人当火车头,一人当火车尾,火车头带路速度越来越快,所有车节都要跟上,跟不上断开的出局,接受惩罚。

4. 多足行走

游戏目的:发展学生的力量素质,培养顽强的意志品质和团结的精神。

游戏方法:三人一组,除最后一人成跪撑外,其余的人两脚分别搭在各自后面人的肩上成一路众队的俯卧姿势。游戏开始,三人保持队形协调配合向前爬行,最先达到终点者为胜。

游戏规则:①要求膝关节以下的小腿搭肩。

②游戏未开始,第一个学生的双手不许越线。

5. 抢夺布袋

游戏方法:在摔跤垫上分为两组,然后标明每组的中心阵地,布袋放在两组之间的中点处,教练一喊开始,两边便开始争夺布袋,争夺的布袋必须要放到对方的中心阵地,就为一局获胜。一般采用三局两胜或五局三胜制,败者任由胜方处罚。

游戏规则:可以用拉、扯、拽等基本方式阻碍对方。每一局布袋都必须放在双方交界线的中间。

6. 贴人

游戏目的:培养学生的奔跑、追捕与躲闪的能力;发展学生的快速起动、快速停止以及快速变向的灵敏素质,发展腿部与腰部力量。

游戏方法:学生面向圆心站成双层圆形,前后两人对齐为一组,距离一步,各组左右间隔两步,另外从参加者中选出两人做领头人,一人追,一人逃,逃者与追者均可在圆圈内外及各组之间穿插。在追逃中,如果追者用手拍到逃者身体任何部位,则追者与逃者角色互换,但如果逃者贴在任何一组人的前面,逃者立即得到解脱,追者不能再拍他,而这一组的最后一人成了新的逃者。

游戏规则:①逃者贴在一组人后面不能得到解脱(因为贴在后面时,前面的人看不到,这时前面的人变成逃者被抓,游戏就不公平了)。

②逃者不能跑出圆圈两米以外,否则算被抓。

7. 单腿斗鸡

甲乙两人分别单腿站立，另一腿抬起用双手拉住小腿部位，用膝盖部位与对方膝盖部位碰撞，挤压对方膝盖部位。不得以身体其他部位撞击、拖拽、推挤对手。单腿支持不住而放手，双脚落地者，即为失败。用膝盖碰撞时，不宜用力过大。参赛队员以抽签形式进行淘汰赛。采用三局两胜制决出胜负。

8. 拉升比赛

游戏目的:提高专项臂力。

游戏方法:两人面对站立,脚前各画一条线,相距 50 ~ 60 厘米,两人同时握紧一根结实的短绳。然后两人同时用力后拉,将对方拉过线者为胜。

游戏规则:统一口令后,双方才能用力拉。互拉时不许松手,以防摔倒对方,松手者为失败。

9. 击球中招

游戏目的:有助于培养学生机智勇敢、顽强拼搏的精神,提高学生的竞争意识和群体意识，增强学生的心肺功能与奔跑能力。

游戏方法：将学生分成人数相等的甲、乙两队，通过抽签决定进攻队和防守队。如果甲队为进攻队，则甲队将本队队员围成圆圈，分别站在圆形场地的周围。乙队学生则站在圈内准备防守。教师发出进攻开始的信号后，甲队队员迅速向圈内扔球击人，被击中的乙队队员就算失败而被淘汰出局，直到所有人出局。然后交换攻防角色。

游戏规则：进攻队员每人保持好各自间距。防守队员被击中后，必须自觉地退出比赛场地。进攻队员应在限制线外投掷球。进攻队员只能击打进攻队员胸部以下的部位。防守队员接球一个可以救活一名队友。

10. 橄榄球比赛

游戏目的：培养学生机智勇敢、勇于拼搏的精神。

游戏方法：把全部队员分成人数相等的甲、乙两队。各队画一个大小相同的圆圈，作为各方的大本营。每队的进攻队员与防守队员人数自行安排。比赛开始，双方在场地的中间用篮球比赛的跳球方式把球拍给自己方队员，队员获得球后均可用传、运、抱球跑等方式，躲闪对方的阻拦或夺球，双方的防守队员在比赛开始后可用推拉的办法将对方的队员推出或拉出其大本营。当对方进攻队员攻入本方大本营并用球触地后即算本局获胜。裁判员由教师和见习学生担任。

游戏规则：双方队员必须在听到信号后才能行动。游戏过程中队员只可用推、拉、抱、摔的方法，不得击打对方。每方的进攻的防守队员可以互换。

11. 骑兵打仗

游戏目的：发展学生的力量和灵敏素质，提高协调性和两人协调合作的能力。

游戏方法：学生两人一组组成战骑，一人骑在另一人脖子上，下面人两手紧抱住上面人小腿。游戏开始，每组战骑各寻对手进行交战，骑马人两手相搏，被对手拉下马的为失败，退出场地。剩下的最后一组战骑为胜者。

游戏规则：两组交战时，做马的人不得助战。两方中能用手袭击对手的手及手臂，不得击打身体的其他部位。

专项准备活动

一、各种倒地与滚翻

1. 倒地练习：前扑倒地，向左、右侧倒地，向后倒地，向后转体倒地，跳起转体大翻倒地，向前滚动倒地，向后滚动倒地，各种鱼跃倒地等。

2. 滚翻：滚翻动作很多，最常用的有：

前滚翻，后滚翻，鱼跃前滚翻，头手翻，侧手翻，前滚翻分腿起，前滚翻直腿起，后滚翻分腿起，后滚翻直腿起，单肩后滚翻，手倒立前滚翻起，后滚翻推起手倒立，头手翻并腿坐，向前倒地滚翻，向后倒地滚翻，前手翻，肘撑侧手翻，前手翻，后手翻，前空翻，后空翻，踺子，斜形手翻以及各类联合动作等。

二、垫上双人练习

1. 双人滚翻：相互握住对方双脚的滚翻，可做前滚翻、后滚翻。

2. 双人联手滚翻：并排站立，双手交叉握，同时下蹲做前滚翻、后滚翻。

3. 双人侧手翻：两人前后站立，后面人抱住前面人的腰，做侧手翻。

4. 背抱翻：两人背对背，手在头上搭勾，然后一人体前屈，将另一人翻过去。

5. 抱腰或桥翻：一人成手桥，另一人握住对方腰向后成桥，对方经桥站立。

三、双人力量性游戏

如：双人推手比力，单脚支撑摔跤，“斗鸡”，赤手拔河，拔大葱，抱腰角力，抱腿角力，抱肩颈角力等。

四、基本功

1. 摔跤基本练习也很多，如：崩子，长腰，后倒成桥转体，向前摔法，向后摔法，抱提摔，各类转移等。这些基本功可作为单人的练习。

2. 趟子功：把移动类、向前向后技术类的动作 12～18 个技术串联在一起，排成一队集体做。

3. 双人基本技术练习

(1)转移类:绕臂转移,接臂转移,腋下潜入转移,后倒背。

(2)向前摔:过肩摔,过背摔。

(3)向后摔:过腿摔类。

(4)抱腿类:头在里,头在外,抱单腿,抱双腿,穿腿。

(5)抱腰类:抱折类、后抱腰类。

(6)连接类:如:滚桥——翻上、转移——翻桥等。

摔跤的基本功

用中国式摔跤的步法、腿法、腰法作为古典式摔跤、自由式摔跤的练习手段,如:盘腿、过腿、十字踢腿、跪腿、抽腿、涮腰等。

用国际式摔跤单个的技术动作,作为基本功练习方法。

1. 摔布人或布袋。

2. 过背摔。

3. 过肩摔。

4. 过胸摔。

5. 抱滚沙袋。

6. 正抱提人。

7. 反抱提人。

第二节 桥的训练及运用

古典式和自由式摔跤的基本练习方法很多,有单人练习、双人练习和专项练习,其中“桥”的练习非常重要。在比赛中,许多攻守方法是通过“桥”来完成的,所以“桥”的技术好坏直接影响着技术的发挥和提高。

桥——这是摔跤中的一种特殊姿势,它的动作过程是从仰卧姿势挺身出背弓,前额和双脚撑在垫上,两脚与肩同宽。

在现代摔跤技术中,“桥”有很大的实践意义。除了免除倒地时肩胛骨先着垫子,它还是进行一连串方法的过渡姿势,尤其在跪撑角斗时,对进行一连串的战术组合有着巨大的作用。许多优秀的摔跤运动员均用“桥”作为进行连接组合的动作。掌握“桥”的专门练习方法,对提高摔跤技术十分重要。

“桥”的练习有单人练习和双人练习。

一、桥的单人练习

1. 头手撑桥

图1 头手撑桥

动作过程:双脚着地,前额与手掌在垫上,头撑着垫子前后左右移动。向前移动时,后脑至后背着垫,向左移动至左肩触垫,向右移动至右肩触垫。

2. 头桥

图2 头桥

动作过程:仰卧,挺胸抬头,身体弯曲或成反弓形,前额和两脚着垫,两脚的距离与肩同宽。

3. 桥摆

动作过程:两手互挽,前额触垫,蹬腿,挺髋,挺胸,使嘴和鼻触垫。然后屈膝后移动，收下额，低头，使后脑触垫，反复进行。

4. **后倒成手桥**

动作过程：两脚开立与肩同宽，两手上举，抬头挺胸，上体后倒成两手撑地。

图3　后倒成手桥

5. **后倒成头桥**

动作过程：两脚开立与肩同宽，两手互挽于胸前，抬头挺胸，上体后倒成反弓形，头顶前额着垫成头桥。

6. **头臀桥**

动作过程：平仰卧垫上，然后用头与臀部支撑成桥。

7. **绕头跑**

动作过程：做头手撑，两腿蹬直，头不动，两腿向右移动转到背作桥，两腿继续向右移动，再转成开始姿势，也就是围绕着头完成圆周的转动。

8. **过头翻**

动作过程：从桥摆开始，以头为轴，做桥前摆，两手在头的两侧撑垫。向前摆动时，蹬腿，挺髋，抬头，身体和两腿从头上翻过去，并收腹，两脚落地成头撑，然后用力蹬腿后摆成桥，反复练习。

这个练习给脊柱很大的负担，但它能促进和增强脊柱的活动性。对于发展摔跤运动员的协调性和平衡能力有很好的作用。

9. **站立后倒过头翻**

动作过程：站立开始，向后挺身屈膝成桥，当头接触垫子时，蹬腿，挺髋，身体和腿从头上翻过去，收腹，两脚落地成头手撑。

10. **跪立前倒成桥**

动作过程：两腿跪立，两臂屈肘，手心向前。挺胸，挺髋，抬头，然后上体前倒，胸腹髋手依次着垫，当身体超过垂直面时，用力推手成头桥。

11. 抱物左右起桥

图4　抱物左右起桥

动作过程:跪立双手抱球或布人(布袋),接着体侧着地,蹬腿,挺胸腹起桥,然后恢复到体侧着地,或成桥转过去,从另一个方向再作桥。这个练习在完成技术动作和脱桥起着重要作用。

二、桥的双人练习

1. 桥上推人

动作过程:做头桥,两臂屈置于体侧。同伴站于头前方约一人距,两人双手相接。然后双臂伸直推起同伴。或双手握重物(壶铃、杠铃、哑铃)反复推举。

2. 桥上坐人摆动

动作过程:做桥,同伴坐其腹或大腿上,两脚置于其腋下,做桥者前后摆动。

3. 握脚过头翻

动作过程:一人站立,另一人做桥并用双手握站立者脚腕,蹬腿,挺胸,收腹,翻过去,两脚落在对方两脚外侧。

4. 颈部双人练习

(1)一人骑在跪撑同伴的背上,双手用力下压他的头,跪撑的同伴用力抬头。

(2)还可以用双手抱握住对手的前额,向上用力,跪撑的同伴用力低头。

(3)跪立在跪撑同伴的一侧,用双手向自己方向用力。

这三种练习方法主要是增强颈部的各个方向力量。练习时注意开始弱,逐渐强。

5. 压头桥绕头跑

动作过程:一人成桥,同伴一手握住他的一臂,另一臂握抱住头颈压桥,成桥的运动员在一臂和头颈被控制下做饶头跑练习,翻转一周。

6. 压头桥过头翻

动作过程：一人成桥，同伴一手握住他的一臂，另一臂握抱住头颈压桥，成桥的运动员在一臂和头颈被控制下做过头翻练习。

7. 双人腹肌练习

双人腹肌练习形式较多，结合专项介绍三种练习方法。

(1)一人倒坐在跪撑同伴的背上。双手抱头，两脚从内勾住同伴大腿内侧，向后仰体，头手臂接触垫子后收腹起立，反复做。

(2)一人正坐在跪撑同伴的背上，双手体前交叉，跪撑人的双手按住他的双脚，坐撑人向后仰体至头接触垫子后收腹起立。

(3)一人屈腿坐撑，两手撑地，同伴坐在他的膝盖上，两脚钩住对方腋窝，双手抱头后倒至头接触垫子后收腹起立。

8. 拉单臂后倒成桥

动作过程：两脚开立与肩同宽，同伴拉他一手，练习者向后作桥，并帮拉起。

9. 拉单脚后倒成桥

动作过程：一人双手握住练习者前伸的腿，练习者双手体前交叉，单脚支撑，向后做桥。

10. 反抱腰过胸翻

动作过程：练习者将同伴反抱腰抱起，头在两腿当中，同伴也反抱练习者的腰，练习者抬头挺胸后倒至同伴双脚落地，两人反复练习。

11. 压桥和脱桥

压桥是指一人做桥，另一人在上边压迫做桥者成双肩着地。

脱桥是指做桥者想方设法逃脱对方的压迫或翻到上面来，压桥的练习形式较多。下面介绍常见的压桥练习方法。

(1)一人握臂，一手挟头压桥

压桥的人坐在成桥同伴的体侧，两腿分开，左手和臂牢固地夹握住他的右臂，让他无法用桥防守，迫使他双肩着地。

(2)在头前两手搭扣，反挟头颈压桥

上面压桥的人从前面俯卧在下边做桥人的头和胸上，右臂从他的右肩下穿到他的颈上与自己左手搭勾，用胸向下压他的胸，用臂向前压他的头颈，两腿分开，用整个身体向前压他。

(3)一手握臂，一手抱躯干压桥

坐在成桥人的右侧，左手握他的右大臂，并挟在自己的腋下，右手抱提他的躯干，用自己的体重压他的胸和右臂，两腿分开支撑，将他压成双肩着地。

第三节　手法与跤架

一、手法

摔跤的手如同两扇门,身体要敢进敢贴,与步法同步进行。手法变化多端,步法快速灵活,真假结合,用力突然,协调同步,手、身、步法三者配合紧密,连续进攻,借力借机。

中国式摔跤很讲究和运用手法,常称“手是两扇门,全凭腿赢人”。说明了手法的重要性。中国式摔跤的手法有几十种,各有各的技巧和奥妙。现代摔跤中,手仍然是完成各种技术动作过程中重要的组成部分,手法仍起着同样重要的作用,但今日的手法就不限于手和手臂的动作,而是把控制与反控制,甚至许多技术动作也列为手法进攻的手段。如,抢手、诓手、逼手、堵手、绕手、绕臂、接臂、摘臂、上下锁臂、托臂、拿臂等都是进攻的手法。手法要求动作幅度小,快速而且连接变化。手法是技术训练中一个重要手段。所以要想快速准确及时抓住战机摔倒对方,必须将手法与步法、身体训练与技术紧密结合起来,才能达到最佳效果。

二、跤架

国际式摔跤分为古典式和自由式两个大项目,每个项目包括站立摔和跪撑角斗两个大部分。下面介绍各式的跤架与跪撑姿势。

(一)古典式摔跤的站立跤架

因为古典式摔跤只能进攻胯关节以上的身体部位,不允许以任何方式进攻下肢,所以古典式站立跤架相对比较高。

古典式跤架为两脚左右开立,约与肩同宽,脚尖向里扣,两脚平行,身体斜对前方,两腿微屈,上体稍向前倾,重心放在两腿之间,两臂微屈,向前平伸,两肘下垂,两手半握拳,前手与肩同高,后手略低,全身肌肉处于自然紧张状态。

根据运动员双脚放置的位置,把跤架分为右站立、左站立和平行站立三种站立姿势。右脚在前为右架,左脚在前为左架,两脚在一条直线上开立为平行站立。平行站立姿势一般古典式摔跤运动员很少采用。

"右架"和"左架"这两种姿势移动方便,便于进攻和防守。便于使身体重心保持在支撑面内,增大不稳定方向上的稳定角,并且可以迅速地向任何一个方向移动。

(二)自由式摔跤站立跤架

自由式摔跤与古典式摔跤不同,自由式摔跤可以进攻对方身体任何部位,而且主要进攻目标是下肢,即抱腿、勾腿、穿腿等。这样自由式的跤架就要比古典式、中国式摔跤的跤架低。与古典式站立跤架相比,主要是身体更前倾,两腿屈100°~110°,身体重心放在两脚之间或稍前一些,两肘下垂,并向内夹,两眼平视对手。其跤架也分为左架、右架、平行架(小车架)。

自由式跤架首先为了便于进攻(蹬后腿即可进攻),为了防止对方进攻下肢,一般采用重心低、支撑面积大的跤架,使对方不易进招。

(三)跪撑姿势

古典式和自由式跪撑姿势基本一样,主要目的是防止被对手翻成背朝下或控制在桥上。这种姿势又分为高跪撑和俯撑两种。

1. 跪撑姿势

双膝跪地,两手撑地,形成四点着地,按规则规定,手与膝间的距离不得小于20厘米,两臂伸直,两脚不能交叉。

2. 俯撑姿势

由于规则的不断变化,技术不断发展,跪撑姿势又有新的突破,那就是这种低俯撑姿势。这种姿势是整个身体趴在垫面上,四肢打开,两手臂向斜前方打开支撑,两手掌外侧撑垫,肘关节微屈,抬头、腹部紧贴垫面,两腿打开,用脚前掌撑地。这种姿势使人体支撑面积最大,重心最低,而且可以做迅速移动和转移身体重心。这是目前国内外采用最普遍的跪撑防守姿势。

三、步法移动

摔跤运动是在双方激烈的对抗中进行的,身体不断地变化姿势,增大稳定角,保持重心不越出支撑面,保持身体平衡。在移动中,尤其身体重心移向支撑面以外时更要小心谨慎,因为身体一旦失去平衡,就容易给对方带来进攻的机会。摔跤移动时应遵循什么原则呢? 首先遵循的原则是在移动过程中先扩大支撑面,在保持支撑面,也就是双脚做平行运动,这样可以增大在移动方向上的稳定性,仍保持原来摔跤的姿势。

其次，在移动过程中，不要使两脚并拢或把两脚交叉起来。因为这样不仅会缩小支撑面，而且会使身体向某一方面移动时，造成身体质量在运动方向上的不稳定，同时也会迅速失去平衡。例如：两脚左右开立时，右脚靠拢左脚时，由于身体向左运动，故身体向左方向上不稳定，这时对方用冲抱双腿动作，就难以保持身体平衡。走交叉步也是如此。

摔跤运动员在摔跤时，脚步的移动一般是移动左脚时，先把重心向右脚方向移，然后才能移动左脚，重心也随着再向左腿方向移。这样就避免了失去平衡的现象，不给对方可乘之机。

移动脚步时要注意脚不要抬高得过高，稍微离开地面就行了，以免升高重心，缩小支撑面。脚抬得不高，移动距离短；在移动脚步时还要快速，因为这样单脚支撑时间短——支撑面小的时间就短。

国际式摔跤与中国式摔跤不同，中国式摔跤是以站立摔为主的摔跤，把对方摔成三点着地即可，也就是摔成膝着地、手触地或部分身体及躯干着地都为失败（或失分）。而国际式摔跤是摔倒对方再去控制对方，迫使对方双肩着地为目的的摔跤，所以国际式摔跤在摔的过程中，不像中国式摔跤一直在保持自己的平衡，而是破坏对方平衡直至对方双肩被迫着地为止。

保持身体平衡要注意以下几点：①要善于改变下肢的位置；②扩大支撑面；③降低重心；④转移重心垂线的位置；⑤善于使肌肉群放松和紧张。

我们必须清楚地认识到，保持平衡是防守的手段，而且是消极的防守，从摔跤的本质（直接目的）来讲，进攻——破坏对方的平衡才是本质与目的；防守能保持平衡，光防守不进攻，只能处于被动挨打的局面，在现行的规则上也是不允许的。防守是暂时的，防守是为了进攻或转入反攻，只有进攻才能掌握场上主动权。

摔跤运动员使用给对方有一定威胁性、得分值较高的动作时，都要失去平衡，甚至有时会失去很大的平衡。与国际式摔跤不同的是，中国式摔跤身体除脚外任何部位先着地即为失败，而国际式摔跤是先用身体部位着地再把对方摔倒、控制住。这一点与保持自己的平衡是不矛盾的，因为这种先失去平衡，是为破坏对方的平衡所必要的，也是为了保持自己的平衡所必需的，也就是说是暂时的、必要的部分的身体不平衡，是为了有效的攻击对方所必要。例如，古典式摔跤，使用“过胸摔”，自己向后倒体，出背弓桥形，身体已失去很大平衡，利用向后的冲顶撞击力量，把对手从自己胸上摔过去，在落地前自己空中转体，结果这个冲击力传递给对

方，将对手摔倒，而自己又恢复了平衡。所以国际式站立摔很多动作都是先失去平衡——破坏对方平衡——保持自己平衡。

第四节　技术把位的分类

摔跤各种把位技术摔法

一、站立技术

（一）外抱单臂摔法

1. 外抱单臂过肩摔

甲乙如下图起始姿势站立，甲用右手握住乙上臂，上右脚于乙右脚前，背右步于乙右脚前（或乙的两脚之间），同时转体屈膝，降低身体重心，右肩插于乙右腋下，将身体紧贴对方，上体前倾，双臂向下拉，向右甩头，发力蹬腿，将乙从肩上摔过去。

图1　外抱单臂起始姿势，控制外抱单臂

图2　转体下蹲进肩跪腿

图3　控制把位向下摔

图4　桥上控制

2. 外抱单臂挑腿——扣脚摔

甲乙成外包单臂站立起始姿势，甲右手紧握乙左上臂，并向左下方用力拉，同时甲上步于乙左脚内侧，同时右脚上步于其右脚前，右脚向上用力挑乙左大腿内侧，右手拉紧乙左臂，甲挑腿后立刻上右腿于乙双腿之间并用左手扣住乙右腿接扣腿摔动作。

图 1　外抱单臂起始姿势

图 2　控制外抱单臂背步转体

图 3　控制外抱单臂挑腿

图 4　控制外抱单臂挑腿接扣腿摔

图 5　桥上控制

3. 外抱单臂潜入转移

甲乙成外包单臂站立起始姿势，甲左手握住乙右上臂，上左脚于右脚外侧，并向自己的右下方用力拉，同时右脚上步于乙右脚内侧，以右脚为轴，上左步于乙右脚后，左手换抱乙腰部，右手迅速与左手搭扣环抱乙腰，准备使用抱腰过胸摔等其他动作；或是右手继续向右后下方用力拉，整个身体向右后方倒，迫使乙成跪撑状态，甲在乙上面把持住。

图1　外抱单臂起始姿势

图2　肩下潜入进肩

图3　潜入抱腰转移

图4　控制

（二）里抱单臂摔法

1. 里抱单臂过背摔

甲乙如下图起始姿势站立相互插捧，甲先用左臂将乙右臂夹在自己左腋下，上左步于乙右脚外侧，同时右臂从乙右腋下插入并上夹住乙右上臂，转体填腰，降低身体重心，屈膝将乙背在腰上，同时发力蹬腿，左手拉，右手向上捧，身体前倾，向左甩头，将乙从背上摔出并控制。

图 1　里抱单臂起始姿势

图 2　背步转体进肩

图 3　向下摔

图 4　桥上控制

2. 里抱单臂后倒背

甲乙如下图起始站立姿势相互插捧，甲用左臂夹住乙右前臂于左腋下，上左步于乙右脚外侧，同时右脚上步于乙右脚外侧（位于自己左脚内侧），右手从乙右腋下插入并环抱乙右上臂，身体向后倒（挺胸）并向左转体，迫使乙发生旋转。

图 1　里抱单臂起始姿势

图 2　上步进肩后倒成桥

图3　上步进肩后倒成桥带动把位转体

图4　旋转

图5　带动把位转体向下摔

图6　桥上控制

3. 里抱单臂腿别子

甲乙如下图起始站立姿势相互插捧，甲先用左臂将乙右臂夹在自己左腋下，上左步于乙右脚外侧，同时用右臂从乙右腋下插入并上夹住乙右上臂，上右腿从外侧别在乙的右大腿后面，身体向右前下方用力，向左侧转体甩脸，右腿向后上方挑腿，使整个身体向下压乙单臂，使乙向后摔倒成仰卧姿势。

图1　里抱单臂起始姿势

图2　上步背步转体进肩

图3　控制单臂腿别子

图4　控制单臂别起向下摔

图5　桥上控制

（三）搂抱技术摔法

1. 搂抱旋

甲乙如下图起始站立姿势相互插捧，甲用左臂将乙的右臂夹在左腋下，用右臂从乙左腋下插出并向上捧，同时甲上右步于乙两脚之间，左脚上步于乙右脚外侧，两膝微屈，右臂猛力向上捧，同时甲主用后到，两腿蹬地发力，用右侧腹部撞击乙腹部，抬头向左侧挺髋挺胸甩脸，发力将乙两脚捧离地面同时向右做过胸摔将乙摔倒。

图1　搂抱起始姿势

图2　控制单臂上步，跟步搂抱

图3　控制单臂旋转挺胯向侧后摔

图 4　桥上控制

2. 搂抱外挂腿向前摔

甲乙如下图起始站立姿势相互插捧，甲右臂插于乙左腋下并向上捧，双臂同时用力将乙向自己方向拖拉，同时上右步于乙两脚之间，左腿从乙右后腿外侧向里搂抱摔绊乙右腿，同时上体向前压乙，将乙摔倒。

图 1　搂抱起始姿势

图2　控制上肢上步挂腿

图3　控制上肢挂腿向侧前摔

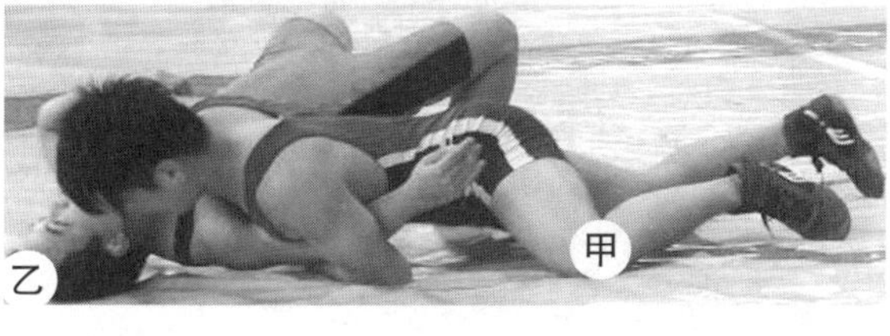

图 4　桥上控制

3. 搂抱上步小得合

甲乙如下图起始站立姿势相互插捧，甲双手用力向自己的方向拉乙，同时左腿从乙两腿内侧向外勾乙右腿，同时上体向前撞击乙胸腹部，将乙摔倒。

图 1　搂抱起始姿势

图 2　控制上肢，上步，背步，外挂腿小得合

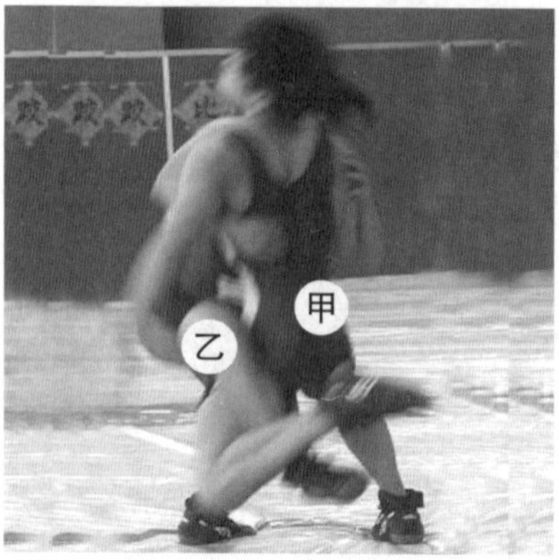

图3　控制上肢挂小腿跪腿向侧前摔

图 4　倒地控制单腿

图 5　桥上控制

(四)里抱单腿摔法

1. 里抱单腿手别子

甲乙如下图起始姿势站立,甲上右步于乙两腿之间,左脚跟步,双手握抱乙左腿,并向上提拉方向位于甲身体左侧,然后右手从外侧拌在乙右腿大腿前端,同时上体用右肩向前下方压乙左大腿,将乙摔倒。

图1 起始姿势

图2 上步头在里抱单腿控制

图3 侧步换手,别同名腿

图4 控制单腿手别了

图5 控制单腿手别子向侧前摔

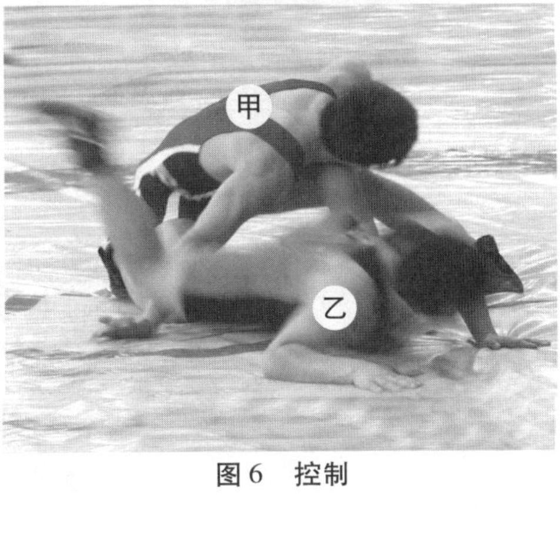

图6 控制

2. **里抱单腿变抱双腿冲**

甲乙如下图起始姿势站立，甲上右步于乙左腿外侧，双手握抱乙左大腿，并向上提拉至身体左侧，然后甲左脚跟步于乙双腿之间或右脚外侧，双手变抱乙方双腿动作，同时双腿蹬地冲起，将乙向前上方提抱离地，然后将乙摔倒。

图 1 起始姿势

图 2 上步抱腿

图 3 抱单腿变抱双腿

图 4 抱双腿向前冲摔

图 5 压桥控制

3. 里抱单腿腿别子

甲乙如下图起始姿势站立，甲上右步于乙两腿之间，左脚跟步，双手握抱乙左腿，并向上提拉，方向位于甲身体左侧，然后右脚从外侧拌在乙右大腿前端，同时用右肩向前下方压乙左大腿，将乙摔倒。

图1　起始姿势

图2　上步里抱单腿

图3　拉腿

图4　腿别子摔

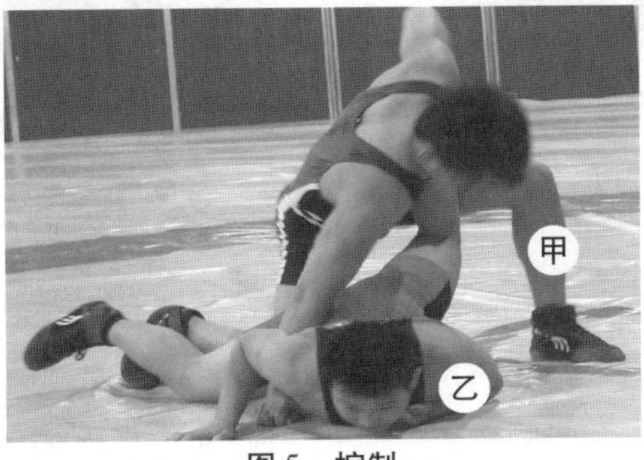

图5　控制

（五）外抱单腿摔法

1. 外抱单腿扣小腿向下摔

甲乙如下图起始姿势站立，甲上右步于乙两腿之间，左脚跟步，同时两臂分别插向乙右大腿两侧成环抱姿势，同时胸部于乙腿部紧贴，甲右手紧抱乙大腿同时向左后方撤腿，左手下滑至乙右脚跟扣住，身体向侧侧倒，用肩向下压对方膝部，使身体向左侧倒下，将乙摔倒。

图1　起始姿势

图2　潜入抱单腿

图3　侧步扣腿

图4　向下摔，控制

2. 外抱单腿变抱双腿向侧摔

甲乙如下图起始姿势站立，甲上右步于乙两腿之间，同时两臂分别插向乙右大腿两侧成环抱姿势，同时胸部于乙腿部紧贴，左脚跟步，甲左手紧抱乙大腿同时右手环抱住乙另一条腿变成抱双腿姿势，甲双腿蹬地，用肩顶住乙腰腹部使乙双脚离地，同时使得身体向右侧侧倒，将乙摔倒。

图 1　起始姿势

图 2　上步外抱单腿

图 3　抱单腿变抱双腿

图 4　抱双腿起

图 5　抱双腿向侧摔

图 6　控制

3. 外抱单腿变抱腰挂腿摔

甲乙如下图起始姿势站立,甲上右步于乙两腿之间,同时两臂分别插向乙右大腿两侧成环抱姿势,同时胸部位于乙腿部紧贴,甲双手变抱乙腰部双手搭扣肩胸紧贴乙腰腹部,左脚上步于乙右腿外后侧挂腿,同时使得身体向前冲顶,将乙摔倒。

图1　起始姿势

图2　上步抱单腿

图3　抱单腿变抱腰

图4　抱腰挂腿摔

图5　控制

（六）抱双腿摔法

1. 跪抱双腿向侧摔

甲乙如下图起始姿势站立，甲上右步于乙两腿之间，左脚跟步，同时两臂分别插向乙的左右大腿外侧，并环抱乙腿部，同时胸部与乙的腿部紧贴，向前方冲顶，在乙仰面倒下的同时，甲向右侧移动而双手抱乙双腿继续向上提拉，使乙双肩着地。

图1　起始姿势

图2　上步抱双腿

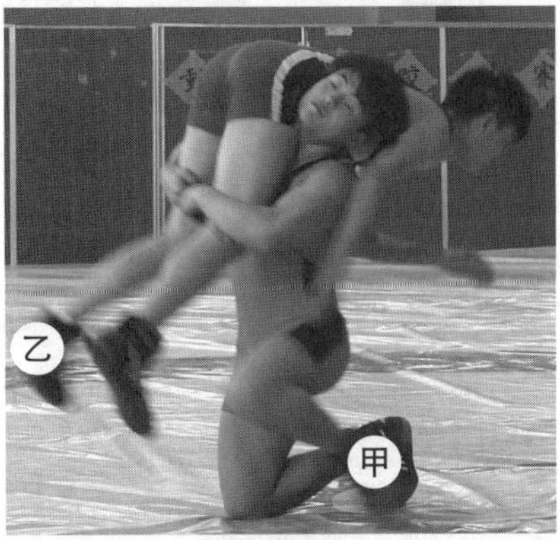

图3　抱双腿起

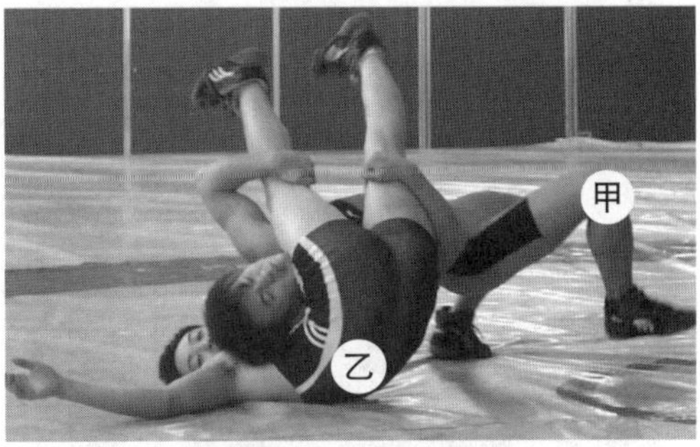

图4　抱双腿向侧摔

2. 抱双腿向前冲摔

甲乙如下图起始姿势站立，甲上步于乙两腿之间，左脚跟步，同时两臂分别插向乙的左右大腿外侧，并环抱乙腿部，同时胸部与乙的腿部紧贴，上体向前方冲顶，使乙双脚离地，并向前摔使乙肩背着地。

图 1　起始姿势

图 2　上步抱双腿

图 3　抱双腿向前冲起

图 4　向下摔桥上控制

3. 抱双腿旋转向侧摔

甲乙如下图起始姿势站立，甲上右步于乙两腿之间，左脚跟步，同时两臂分别插向乙的左右大腿外侧，并环抱乙腿部，同时胸部与乙的腿部紧贴，向上扛起乙，先向右旋转然后再向左侧旋转，右手抱住乙腰部，左臂放在乙两腿之间抱住乙左

图 1　起始姿势

图 2　打开对方双手上步抱双腿起始姿势

腿，向前屈体和两膝弯曲，向下摔倒乙。在乙仰面到下的同时，甲向乙左侧移动，而两手抱乙左腿继续向上提拉，使乙双肩着地。

图 3　进入抱双腿起，头贴对方侧腰部

图 4　抱双腿向左或右侧旋转

图 5　抱双腿向左或右侧旋转向侧摔

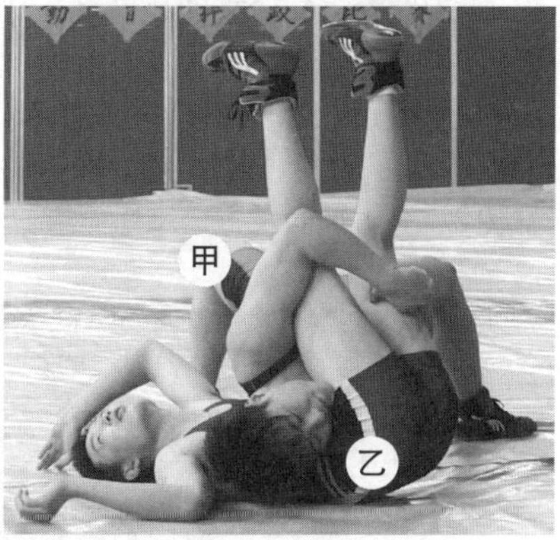

图 6　摔下去控制

（七）反抱肩颈摔法

1. 侧面滚桥摔

甲乙如下图起始姿势站立，乙上右步于甲两腿之间成抱单腿动作，但甲处于防守姿态圈住乙肩颈于右臂下扣住，甲左手顺势扣住乙方右臂并使身体向左侧方侧滚，利用滚桥技术得分。

图1　起始姿势

图2　攻方潜入抱单腿未成功

图3　守方变脸反抱肩颈向侧滚

图4　滚桥

图5　控制

2. 甩头转移

甲乙如下图起始姿势站立，乙上右步于甲两腿之间成抱单腿动作，但甲处于防守姿态圈住乙肩颈于右臂下扣住，甲右手顺势向左侧发力将乙方头部向右侧推甩，乙倒地后甲立刻转移控制。

图1　起始姿势

图2　反抱肩颈

图3　甩头转移

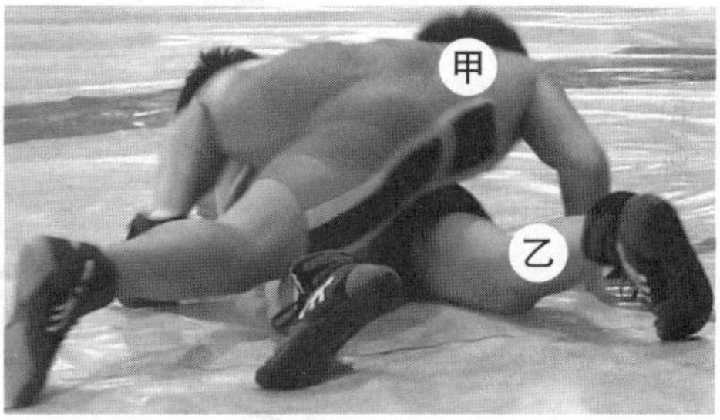

图4　控制

3. **反抱肩颈扣腿摔**

甲乙如下图起始姿势站立，甲用右手向下拉乙头颈，同时用前胸部压住乙头，用左手控制住乙的右臂，甲上左步于乙两腿之间，潜入后出左手扣住乙左脚后跟，并向左后方提拉，同时身体向右前方发力使乙倒地。

图1　起始姿势

图2　反抱肩颈控制

图 3　潜入扣腿

图 4　向侧摔

图 5　控制

（八）肩下握颈摔法

1. 肩下潜入握颈手别子

甲乙如下图起始姿势站立，甲上步于乙两腿之间，同时出右手扣抱住乙右大腿，但是乙处于防守姿态圈住甲肩颈的同时向后撤去右腿使甲抱单腿技术动作不成立，甲顺势用左手扣住乙右臂并向下拖拽，同时换右手抱腿动作为手别子动作别住乙的右腿外侧身体向左侧方发力使乙侧倒。

图 1　起始姿势

图 2　潜入外抱单腿未成功

图3　变外抱单腿为握颈手别子

图4　摔后控制

2. **肩下潜入夹臂滚**

甲乙如下图起始姿势站立，甲上步于乙两腿之间，同时出右手扣抱住乙右大腿，但是乙处于防守姿态圈住甲肩颈的同时向后撤去右腿使甲抱单腿技术动作不成立，甲顺势撤回右手扣住乙左臂并下拖拽（变抱单腿为抱双臂），同时甲起身向侧滚翻迫使乙跟着发生翻滚倒地。

图1　起始姿势

图2　潜入抱单腿未成功

图3　攻方变抱单腿为夹双臂

图4　向侧滚摔

图5　桥上控制

3. 肩下潜入圈同名腿

甲乙如下图起始姿势站立，甲上步于乙两腿之间，左手紧握住乙右手，肩下潜入后右手扣抱住乙右大腿，但是乙处于防守姿势圈住甲肩颈的同时向后撤去右腿使甲包单腿技术动作不成立，甲顺势变右手抱腿为反手圈住乙左小腿并向下拖拽（变抱单腿为反手圈同名腿），同时甲起身蹬地，向侧滚翻使乙倒地。

图1　起始姿势

图2　潜入抱单腿未成功

图3　反手圈同名腿

图4　向侧滚摔

图 5　桥上控制

4. 肩下穿腿摔

甲乙如下图起始姿势站立，甲左手抓握住乙右上臂（或用左臂向上架起乙的右臂），上右步于乙两腿之间，左脚跟步（也可以屈膝跪地），同时左手向左后下方拉乙右臂，头潜入乙右腋下，右手从乙两腿中穿过抱住乙右大腿跟处并向上撩，左手继续向下拉，向左后方甩脸，身体向左侧滚动，将乙摔成仰面倒地。

图 1　起始姿势

图 2　拉臂潜入穿腿

图 3　拉臂穿腿抗

图 4　摔

图5　控制

二、散手摔法

1. 抱小腿转移

甲乙如下图起始姿势站立，甲上步于乙两腿之间，直接屈身冲抱乙右腿，同时向右侧甩头变脸，右手依然紧抱乙右腿，左脚跟步划半圆使身体转移至乙身后，双手换抱乙腰部，从后面将乙把持住，迫使乙成跪撑状态。

图1　起始姿势

图2　直接抱小腿

图3　抱小腿转移

图4　转移控制

2. 直接抱双腿向前摔

甲乙如下图起始姿势站立，甲上步于乙两腿之间，同时肩下潜入双手环抱乙双腿成跪抱双腿姿势，左脚跟步向后甲双腿发力向上冲顶将乙抱起后向前冲倒，使乙直接肩背着地，并控制。

图1　起始姿势

图2　直接抱双腿

图3　抱双腿向前摔

图4　控制

3. 直接抱单腿潜入转移

甲乙如下图起始姿势站立，甲上右步后左手紧握住乙右上臂（或用左臂向上架起乙的右臂），上右步于乙两腿之间，左脚跟步（也可以屈膝跪地），同时左手向左后下方拉乙右臂，头潜入乙右腋窝下，右手从乙两腿中穿过抱住乙右大腿跟处并向上撩，蹬右腿，挺胸甩头，左手变抱乙腰部，左腿划圆弧使身体转移至乙背后，从后面把乙把持住，迫使乙成跪撑状态。

图1　起始姿势

图2　直接抱单腿

图3　抱单腿潜入转移

图4　转移控制

三、跪撑摔法

（一）高跪撑

1. 侧面拉腿挂腿摔

甲乙如下图起始姿势站立，甲在后面抱住乙腰部。然后甲侧身上左步转移至乙左侧后，左手扣住乙肩颈部位（或左臂）右手圈住乙左侧大腿并向上提起，使乙成单腿三点支撑状态。同时上右脚挂乙右大腿，身体同时上体向侧前挤压，迫使乙发生反转，肩背着地，并控制。

图1　起始姿势

图2　侧面拉腿

图3　挂腿

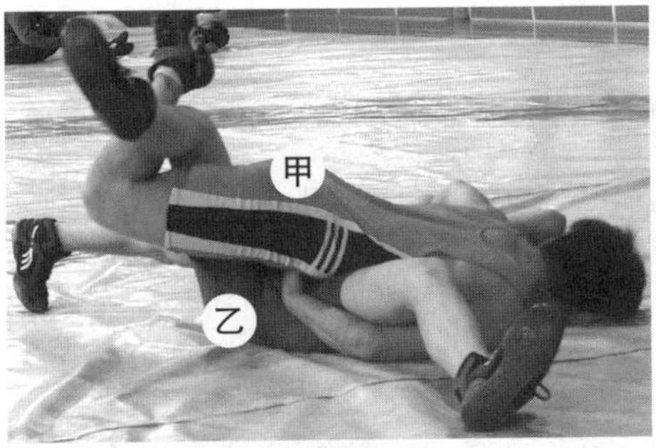

图4　摔

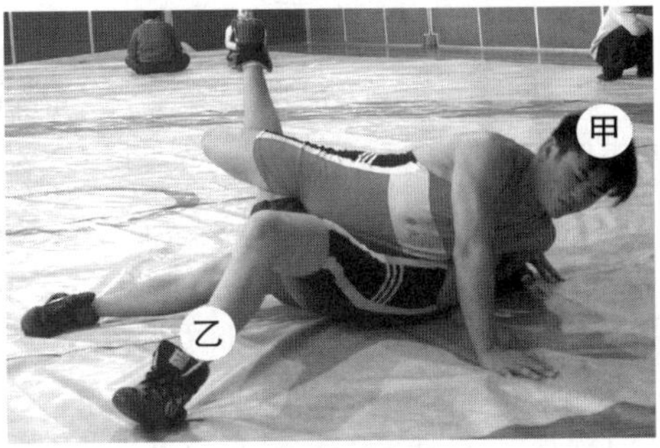

图5　控制

2. 反抱大腿向侧摔

甲乙如下图起始姿势站立，甲在面抱住乙腰部，然后甲身体移向乙右侧，右膝跪垫，左腿立着（或两膝均跪垫），用膝顶住乙右侧躯干，双手反抱住乙左大腿内侧，然后双臂用力向上抱提乙大腿，同时用身体右侧压住乙右侧上体，蹬腿、挺腹、抬头，将乙向自己的右后方反转过去。

图1　起始姿势

图2　反抱大腿提起

图3　向后侧摔

图4　倒地控制

3. 交叉握小腿

甲乙如下图起始姿势站立，甲站立于乙身体右侧，用左手向自己的方向拉乙左大腿并提起，同时用自己的右臂抱起乙右腿，使乙两腿成交叉状（左腿上右腿下）左手夹乙左腿于腋下，同时左手环抱乙右脚，甩头变脸以右脚为重心点左脚绕点划弧（如下图所示），迫使乙发生反转。

图1 起始姿势

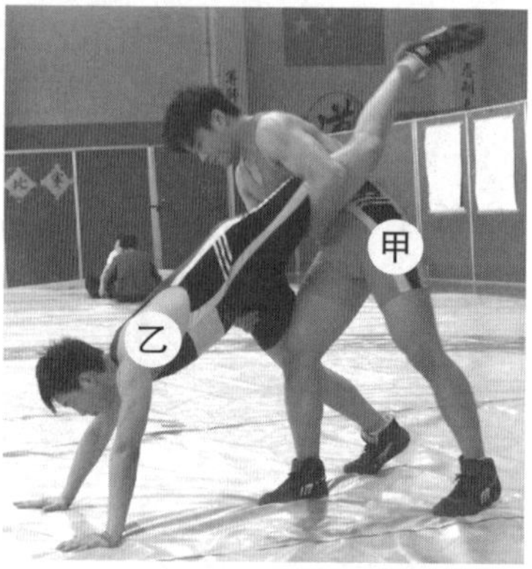

图2 提腿

图3 侧步提腿

图4 交叉握小腿控制

图5 旋转

图6　摔

图7　控制

（二）低跪撑

1. 抱腰滚桥

甲乙如下图起始姿势站立，甲在面抱住乙腰部。甲将右腿放在乙的右腿外侧，并将右腹紧靠乙右臀部，两臂紧抱乙腰部，右侧脸部紧贴在乙的背部，用右肩突然向乙右肩处发力并挤压乙右肩，使乙随着自己向右前方滚去，在甲的头部着地时，两脚撑地，并向头部方向蹬腿、挺腹、挺髋成桥、将乙翻滚过去并控制住。

图1　起始姿势

图2　抱腰转身向侧摔

图3　抱腰滚桥起桥

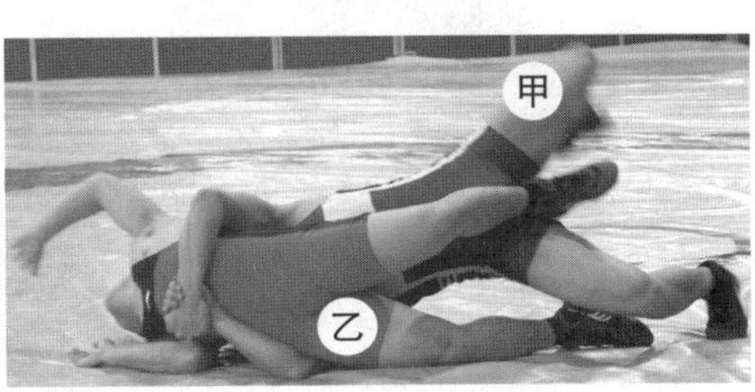

图4　转身控制

图 5　控制

2. 抱双臂向侧翻

甲乙如下图起始姿势站立，甲在控制住乙的前提下，身体移向乙右侧，右手从乙右侧胸前伸向乙左腋下握其左上臂，左手同时伸进握住乙左上臂，用胸向乙前挤压乙上体（右脚可以迅速向右前方移动），同时双手用力拉回乙左臂，将乙向左侧侧翻过去。

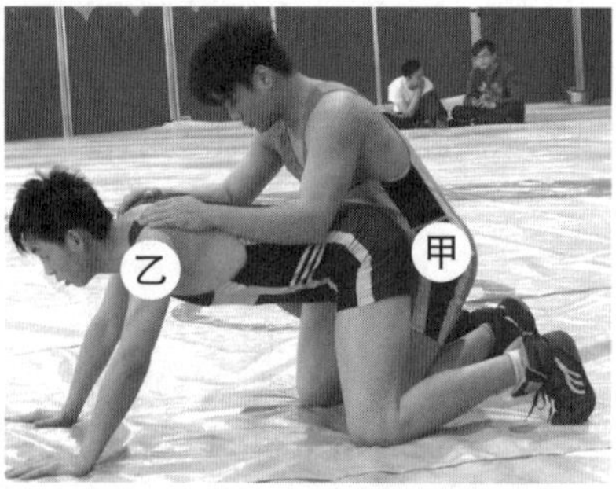

图 1　起始姿势

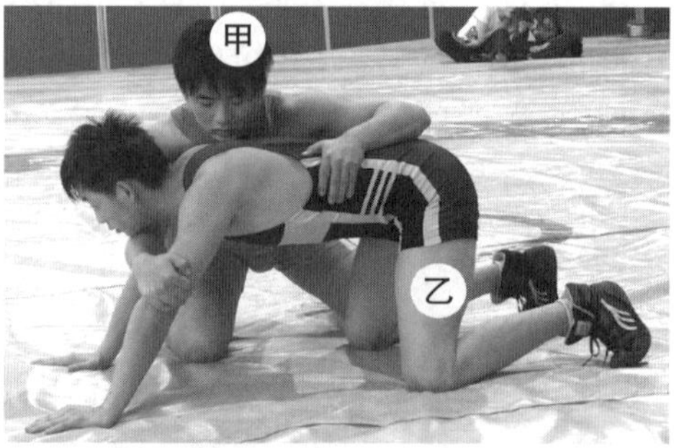

图 2　侧身锁推双臂起始姿势

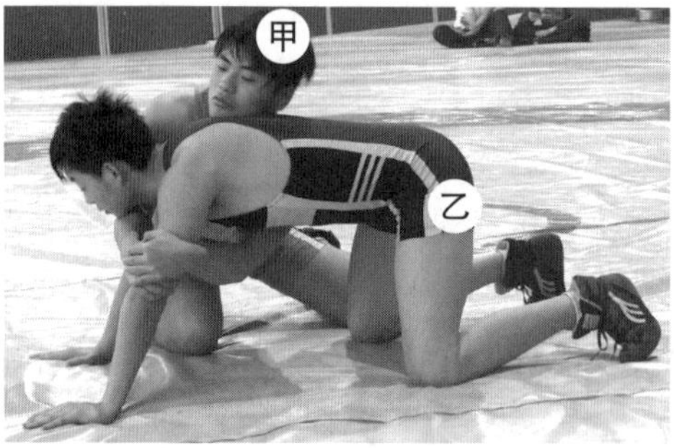

图 3　锁推双臂

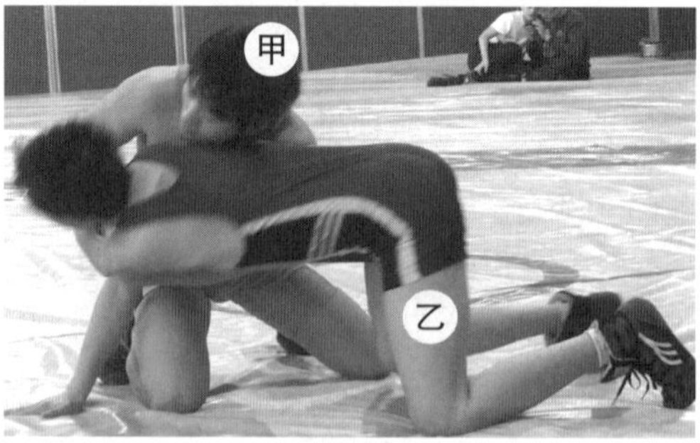

图 4　拉臂向前挤压摔

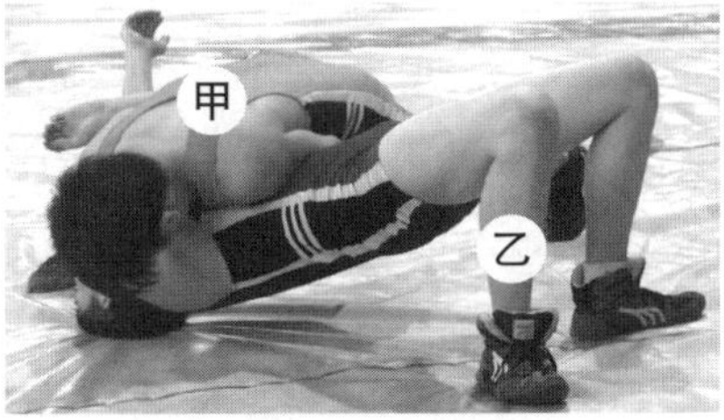

图5 桥上控制

3. 跪撑交叉握小腿

甲乙如下图起始姿势站立，甲跪立于乙身体右侧，用左手向自己的方向拉乙左大腿，同时用自己的右臂和右脚挤向乙右腿，使乙两腿成交叉状（左腿下右腿上），在用左手从乙两腿之间穿过并握住乙右小腿，用胸压住乙两脚，并用右手臂从乙右大腿下环抱乙两大腿，身体向左侧成桥滚翻，将乙翻转过去。

图1 跪撑起始姿势

图2 拉腿抱小腿控制

图3 抱单腿控制换手交叉握小腿

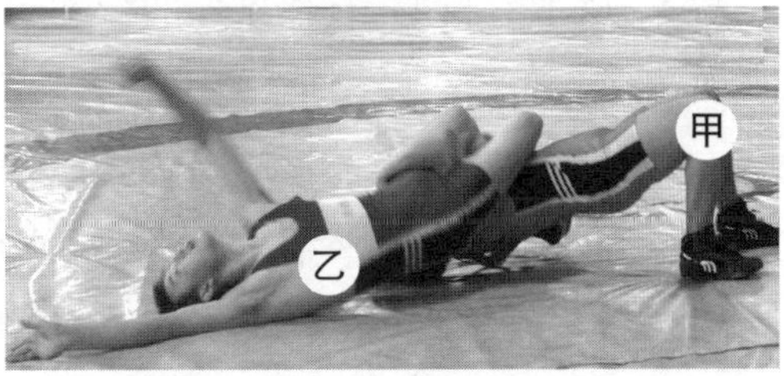

图4 交叉握小腿向侧滚桥翻

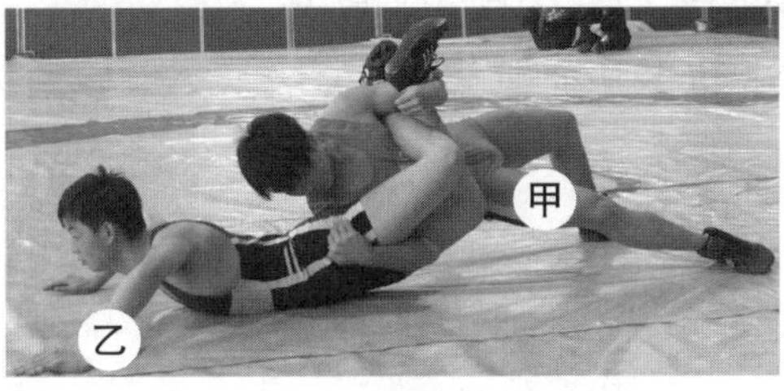

图5 交叉握小腿控制

第四章　战术训练

第一节　摔跤战术的概念

任何一项体育运动，根据本项目的特点和规则的规定，都有自己的战术。尤其在比赛实力相当时，正确合理地运用战术，往往对比赛胜负起着决定性的作用。

摔跤运动是两人直接接触、相互较量的竞技体育项目，技术复杂多变，战术形式也极为丰富多彩。

摔跤教练员和运动员最要紧的是把自己的注意力放在比赛全局上，如整个比赛如何分配体力，在什么时候用什么样的战术，预赛怎样为决赛创造条件等。而且要抓住关键性的场次，如比赛中战胜某个对手就可以取得决赛权，那么就要在如何战胜这个对手上花费更多的精力。

所以摔跤的战术就是运动员根据规则和双方情况的变化，充分合理地发挥个人技术，采取有目的、有预见性的行动制约对方，力争掌握主动权并战胜对方的原则和方法。

第二节　常用的战术及战术原则

摔跤战术的指导思想是“以我为主，以快为主，攻防兼顾”。我们要在这种思想指导下，根据不同情况制定适应自己的战术。

目前常用的战术有以下几种：

一、进攻战术

（一）速决战术

在一次比赛中，对手是新手或技术水平较差，就可以采用事先计划好的战术，猛冲快摔,以快攻为比赛的指导思想,争取短时间内取得场上主动权或胜利。

(二)沉着战术

技术好、经验丰富而体力差的运动员,多用这种战术。其特点是在比赛中沉着稳重,不急不躁,抓住机会快攻猛摔。

(三)隐蔽战术

隐蔽战术,即在整个比赛中,根据不同的对手,有计划地安排使用技术与战术,使对手摸不到自己的规律,赛前无法准备。

(四)猛攻战术

比赛一开始如急风暴雨,猛烈进攻,连续使用方法,使对手没有还手和喘息机会,在短时间内取得优势或胜利。

(五)佯攻战术

佯攻即假进攻。比赛中先用假动作迷惑对手,给对方造成错觉,再用真实方法进攻。这是摔跤比赛中最常用战术之一。

(六)以己之长攻击战术

充分发挥自己技术的特点,以确有把握的重点方法(绝招技术)为主要进攻手段。主动地创造使用重点方法的时机与条件,得到机会就使用重点方法。一长之攻战术又分为:

1. 以己之长攻其之短的战术:如果对手是右边进攻技术好,那么,就应避开对手右边的进攻或控制对手右边,不让其发挥右边的技术,攻其左边。如果对手站立技术好,跪撑技术差,那么,在站立摔时,限制对手进攻迫使对手消极,在跪撑角斗中得分。

2. 以己之长攻其之长的技术:如果对手善于头在里抱单腿时,自己善于别、勾腿技术,当对手抢单腿时,随即使用“别子”或“勾子”;如果对方善于抱腰,自己善于向后摔,对方做抱腰,随即可用反挟颈过胸摔。

(七)稳攻战术

站好基本姿势，严阵以待，先试探、观察，找到机会或发现对方弱点，再发动进攻。

（八）散手技术

散手战术也称游击战术。这种“打游击”的方式，灵活性大，活动范围广，可以绕着对方转，看到合适时机，即刻突然进攻，若不合适就不失时机地转移。不让对方抓握或相互搂抱住，在散开手的情况下进攻。

（九）边线战术

边线战术是指在“消极区”内比赛时使用的战术。如果运动员在“消极区”内合理地利用规则实施边线战术，得分的机会、取胜的机会相对来说要多些。在“消极区”实施边线战术有如下几种方式：

1. 对手如果处在“消极区”内，应马上进攻，这样得分的可能性大，如果对手外逃，不仅能得分，而且对手要受到一次警告。

2. 对手如果处在“消极区”内，裁判员发出口令“ZONE”，令其进入“比赛区”，当对手往“比赛区”移动时，可用“转体”或向后摔的动作。

3. 自己如果在“消极区”时，在对手尚未使用动作前，自己应设法进入“比赛区”；如果对手马上使用动作，自己应顺势作“转体”的动作进攻。

二、防守战术

摔跤比赛是由进攻和防守组成的，但也有相持阶段，而这个时间正是处于守势，相继而来的又是进攻。

防守的目的是要消耗对方体力，使其疲劳，丧失信心，精神沮丧，暴露弱点，而自己则养精蓄锐，以逸待劳，并造成和发现对方的错误。

（一）主要防守战术

1. 控制封堵战术：用阻碍不让对方抓住有利把位。若被对方抓住控制有利把位，则应封堵住对方进攻路线，使对方用不出方法来。

2. 消极对抗战术：用防守的方法把对方进攻的方法破了（化了），也称“化劲儿”，使对方所用的方法不能成功。

3. 假进攻真防守战术：一般是在得分后，体力欠佳的情况下采用。

4. 以攻代守战术：对方进攻时我进攻，这是以动作抵制方法的防守，也就是

“围魏救赵”，使对方顾此失彼。

(二)送分战术

比赛时间快结束了，自己胜出对手 4～5 分时，这时自己的体力又不佳，为了不至于造成“双肩着地”，在对手使用 1 分动作时，或自己使用技术“失败”时，可送给对手 1 分，进入跪撑时，全力防守，拖延时间。

三、反攻战术

(一)顺势攻战术

借用对方的动作进攻对方。对方一拉就进，以柔克刚，顺手牵羊，直来斜取。

(二)诱攻战术

给对手露出破绽，诱其进攻，借对手的进攻瞬间反攻。

四、战术制定

(一)根据体形制定战术

由于同一级别的运动员体形特征不一样，所采用的战术也不相同，根据体形特征制订的战术有以下两种：

1. 近体战术：对方是矮个子，适用近体战术，可采用搂抱、插捧等技术。

2. 游击战术：对方是高个子，适用散手、游击战术，在快速移动的情况下突然进攻，可采用抱腿和抱腰技术。

3. 灵巧型的运动员：其特点是步法灵活多变，擅长散手摔跤，假动作多，打“游击”的方式进攻，缺点是力量小，不喜欢搂抱及搭手摔。

4. 速度型的运动员：其特点是速度快，技术全面。多用假动作佯攻，以快取胜。缺点是力量差和耐力差。

5. 力量型运动员：其特点是力量较大，在进攻中一般都喜欢用相同的模式，进攻模式是机械和重复的动作，并且动作速度慢。喜欢搂抱或打交手战，一旦被这种人控制住，不易逃脱。

6. 左架运动员：其特点是与右架为相架，左边进攻与防守能力强，与右架摔时，进攻距离近，相互容易进攻。其弱点是右边防守及反攻能力弱。

（二）根据竞技能力制订战术

1. 速决战术：对方是新手，竞技能力较差，可采用速决战，在较短的时间内战胜对手，节省体力。

2. 消耗战术：对方体力差，可采用消耗战术，先积极防守，消耗对方体力，然后积极进攻，战胜对手。

3. 假进攻战术：一般在得分后，自己的体力欠佳的情况下采用。

4. 控制对方的战术：对方的速度快，比赛开始可采取握抱对方某一部位的方法控制对方，限制他快速进攻，寻找有利时机突然袭击。

5. 以己之长的战术：以己之长的战术有两种情况，一种是以己之长攻彼之短的战术；一种是以己之长攻彼之长的战术。

（三）根据规则制订战术

1. 边线战术：是指在消极区内使用的战术。在消极区内，合理地利用规则实施边线战术，得分的机会较多。在消极区使用的战术大体可分为四种：

第一种，如果对方在消极区，应立即进攻，这样一是得分的可能性大，二是如果外逃还能得分。

第二种，对方在消耗区内，裁判发出口令“ZONE”，令其进入比赛区，当对方往比赛区移动时可用转体或向后摔的动作。

第三种，自己在消耗区内时，对手尚未进攻前，自己应设法进入比赛区，如果对方马上使用动作时自己应顺势使用转体的动作进攻。若成功，可得分；若不成功因主动使用动作出界，则不算逃出界外。

第四种，在消极区跪撑角斗时，被控制着应全力防守决不能出界，反之，进攻者应使用动作迫使对方出界。一是可得分；另一方面可能回到中央，仍从跪撑开始。

2. 消极战术：（一般在跪撑角斗中采用）消极战术有两种，一种是自己消极防守，另一种是迫使对方消极。

自己消极必须是自己跪撑防守能力强，而且在得分比对方多的情况下采用，迫使对方消极，必须是跪撑进攻技术过硬，在自己的体力又好的情况下采用。

3. 送分战术：比赛时间快到了，自己得分多于对方，加之自己的体力又欠佳，为了避免“双肩着地”，在对方使用 1 分的动作时，可给对方 1 分，进入跪撑时，全力防守，拖延时间。

摔跤的战术多种多样，变化无穷，上述的战术只是典型，常用的，还有许多战术有待于总结和充实。

五、战术原则

摔跤的目的是为了保持自己的平衡，破坏对手的平衡，使之倒地并控制于双肩着地。这是摔跤的本质。

摔跤比赛时情况千变万化的。无论战术如何繁多，按摔跤规律而论，有如下几种战术原则。

（一）知己知彼原则

“知己知彼，百战不殆”。这一原则对于摔跤比赛来讲，是对运动员正确指挥、掌握场上主动权的首要前提。作为临场指挥的教练员应该从各方面考虑对手的水平，同时又要正确地估计自己的能力和水平。

在赛前必须查明对手情况。如可以参看去年或上半年比赛成绩，赛前搜集情报，观看赛前适应性训练；观察与其他对手比赛情况，通过录像分析等等，如对手的体型特征、身高、身体素质、技术特点、手法、习惯动作、跤架、站立和跪撑的“绝招”防守、反攻能力、竞技能力、练习意志品质、心理素质等。总之，对对手的情况了解越多越好，有利于制订切实可行的战术方案。知己虽说比“知彼”容易，但也必须要有充分的准备，不轻敌，不冒险。“知人者智，知己者明”，一个优秀的摔跤运动员应该有这方面的修养。

（二）灵活机动的原则

战术的运用应该灵活机动，绝不能千篇一律。若每次比赛，每场比赛，全用一个模式的老一套战术，会被对手摸到规律，遭到失败。在比赛时，应根据场上无数的变化形式，发挥主观能动性，随机应变。

《孙子兵法》在《虚实篇》指出：

“天兵形象水，水之形避高而趋下，兵之形避实而击虚。水因地而制流，兵因敌而制胜。故兵无常势，水无常形，能因敌变化而取胜者谓之神。”意思是说用兵的方式就像水一样，水是由上向下流的，而用兵的方式是要避开敌人的实处而去攻击其虚处，水是因地形而流的，用兵要根据敌情采取不同的战法而取胜，所以用兵没有固定不变的战法，流水没有固定不变的形态，能够依敌情的变化而取胜者，可谓用兵如神。

《孙子兵法·虚实篇》又说："敌形人而我无形"，"战胜不复，而应形于无穷"。即在比赛中按对手进攻的技术，做出相应的防守或反攻动作，每次战胜敌人的方法都不重复，而且根据场上的无穷变化形势，发挥主观能动性，随机应变。即使再次遇上被自己摔败过的对手，也应根据不同时间、地点、条件做出新的估计，决定新的战术。

灵活机动的战术，是取得胜利的重要保证。

（三）掌握主动权原则

这条原则就是《孙子兵法》中提及的"制人而不制于人"的重要论断。它明确指出，指导战争不可轻易被动就敌，受敌人摆布，而要把主动权掌握在自己手里，夺取克敌制胜的主动权。

一场比赛的双方都想力争主动权。这种主动权就是运动员的自由权。运动员失去了自由权被迫处于被动地位，则不自由，就有失败的危险。

为了争取比赛的主动权，积极主动，以进攻为主，使对方处于被动，才能按照自己的意图去进行比赛。摔跤比赛实践证明，积极主动的进攻不但是取胜的主要手段，还可以限制、破坏和削弱对手的进攻，取得更多的得分机会，夺得比赛的主动权。

现代摔跤比赛，由于规则不断完善和变化，很少在短时间被压成双肩着地而告终，绝大多数只靠得分获胜。

两个技术水平接近的运动员进行比赛，彼此都可以采取办法掌握主动权。主动运动员就应抓住一切机会，用各种技术主动进攻，以攻为主，充分发挥自己的身体特点与技术专长，以快速凌厉的攻势，打乱对手的阵脚，扩大战果，取得胜利。相对劣势和处于被动地位的运动员首先需要的是独立自由地使用自己的技术，改变一味防守的局面，争取恢复主动地位，采取的方法是造成对方的错觉，出其不意，攻其不备。以奇袭进攻，在对手无准备或准备不足的情况下，突然进攻，则易取胜。有优势而无准备不是真正的优势，也没有主动权。反之，处于劣势而有准备的运动员，可以用出其不意的攻势把"优势"运动员摔败。当然，积极主动是和技术、素质的优势分不开的，而被动则和技术、素质的劣势分不开的。在摔跤比赛中，运动员的技术优势和劣势是主动和被动的客观基础。所以，一个优秀的摔跤运动员要具备良好的战术意识及素养，熟练的攻防技术，充沛的体力才能完成这一战术原则。

(四)避实击虚的原则

兵不厌诈是军事斗争中的一条普遍原则,军事计谋说到底就是使用虚实进行变诈的一种本领。

从虚实的对立统一规律来讲,利用虚实的矛盾对立一面进行变诈,目的是尽量扬长避短,充分发挥自己的优势,避免以自己的劣势、短处和对方的优势、长处相对抗,把“不利”和“不足”的劣势、短处掩盖起来,以优势、长处去攻击对方的短处和弱点。或者化“虚”为“实”,把劣势扮成优势,把短处伪造成长处,以迷惑对方,使之不能真正察觉到自己的虚实。在对方看来,自己的有力态势是不可能被攻击的。

“虚实”变诈可以概括为四种形式。

第一,假虚真实。这是以假隐真,实在其中,诱敌上钩的虚实变诈形式。以“假”“虚”示形于敌,而将真实情况隐藏起来,使对方觉得有机可乘,造成其判断上的失误,战则必为我所败。

这种虚实变诈形式大多数是在我方处于优势,对方处于劣势,或双方力量相当的情况下使用的。但是劣势的一方,也可以使用虚中有实的变诈方法来借机破敌。

第二,假实真虚。这是一种虚张声势的做法。是“能而示之不能,用而示之不用”的变诈手段。是一种在敌强我弱情况下使用的虚实变诈。

但是,这种假实真虚的做法不宜长久,时间一长就会被识破,所以要运用得巧妙和随机应变。

第三,实为真虚。这是对以上两种变诈反而用之,是谋之反制的一种。对方会因我故意暴露实力而误以为我在进行欺骗,实际上我暴露的是真情况,当对方以真情为假情时,必然会上当而被击败。

第四,虚为真虚。这也是对假虚真实和假实真虚的一种变化运用。同样也是谋之反制的一种。当在强敌进攻面前,本来十分空虚却仍然表示空虚,对方反而以为你在进行欺骗,怕中埋伏,“以虚为实,犹豫狐疑”,以致丧失战机,这是一种迫不得已的情况下暂时的应急之计,不可常用,更不可滥用。

这些变诈形式就是以虚为实,以实为虚,虚虚实实,真真假假变幻无常的,以破坏对方的知觉能力,使之陷入“不备”“不意”“不知”的被动地位,进而形成我方“攻其不备,出其不意”,避实就地的战胜对方的有利时机。

在摔跤比赛时,掌握虚实是运用战术技法的前提,只有察明虚实,避实击虚,避其锋芒,攻其空虚,善于攻击对方没有防守或防守薄弱的地方,运用战术技法,才能发而必中。

(五)攻守兼备的原则

攻,即进攻,它是实现战争目的的两种重要手段之一。

守,即防守、防御,也是实现战争目的的两种重要手段之一。

在战争中,攻的性质和守的性质是完全不同的。攻是一种对敌人的进击,目的是消灭敌人,是一种主动地运动状态,并且在进击中追求优势,发挥主动和长处,进而达到攻的目的。而守是为了保存自己,是相对于进攻而言的。他的特点是以驻止状态地域进攻,并在这种状态的中求得优势和主动地位。从形式上看,守是攻击的承受者,而守的性质是被动的。

在摔跤比赛中,进攻是主要的,进攻是摔倒对手取得胜利的主要手段,进攻还可以直接破坏和削弱对手的进攻,减少自身防守的负担,保持自己平衡。但防守也不能偏废,防守是为了保持自己的平衡,但同时也是辅助进攻或准备转入进攻的一种手段。应该指出,摔跤中破坏对手平衡是主要的,保持平衡是次要的,也就是说,在摔跤比赛中,用于破坏对手平衡的进攻是第一位的,而作为破坏对方平衡的辅助手段和为保持自己平衡的防守是第二位的。在比赛时要强调:“不能等着挨摔,要想办法摔人。”

现代摔跤比赛是按时间进行的,不能长时间的摔“泡跤”(消极比赛)。规则中还有对消极的处罚,限制了消极的防守。摔跤比赛中,进攻与防守是不断转化的。一般来讲,只有进攻才能获得胜利,但是决不能片面的只强调进攻,特别是在双方实力相差不多时,忽视攻防的任何一方面,都将导致失败。

一个优秀的摔跤运动员应具有“攻守兼备”的能力,掌握了最合理的进攻与防守技法,使二者紧密结合,攻中有防,防中有攻,并在比赛中灵活应用和发挥。

六、规则

规则是比赛的法则,比赛是在规则规定的范围内进行的,不能超越规则,但是可以利用规则来制订战术。如:边线战术。所以,必须熟悉规则,掌握规则,这样,才能合理地利用规则来制订战术。在比赛中,利用规则制订战术战胜对手的例子很多,当然,由于对规则不熟悉,没有利用规则来制定战术,导致失败也不少见。

第五章　心理训练

心理训练是整个运动训练过程的重要组成部分。

心理训练属于人类的控制和自我控制的范畴。所以心理训练又有别于技术训练和身体训练，它更强调运动员的自我控制和自我指导。

第一节　心理训练的概念和作用

心理训练的概念可以从广义和狭义两个方面去理解。从广义上讲，心理训练就是有意识、有目的地对运动员的心理施加影响的过程。从狭义上讲，心理训练则是采用一定的手段和方法来影响运动员从而培养出良好心理状态的过程，这也是一个相当复杂和艰苦的训练过程。

心理训练的主要作用有：

（一）加强自我控制能力

心理训练能使运动员学会控制和调节自己的心理状态，提高大脑对内脏器官活动和思维过程的调节支配能力，加强情绪的稳定性，尤其是加强运动员在比赛过程中自我控制能力。这种自我控制包括思维、情绪、行为过程三个方面的控制。只有实现了对这三个方面的最佳控制，才能最大限度地挖掘运动员的技能潜力，创造优异成绩。

（二）增强抗干扰能力

心理训练有助于增强运动员的智力和感觉、知觉、表象思维、注意力集中以及抵抗各种内外部干扰的能力。

另外，通过心理训练还可以帮助运动员提高观察能力、分析判断能力等。这些能力对运动员取胜起着重要作用。

(三)有利于技能的巩固和完善

因为心理训练可以有效地提高大脑的调节和支配能力,有利于运动技能、技巧、技术动作的掌握、巩固和提高。

(四)帮助运动员克服心理障碍

心理训练可以帮助运动员克服心理障碍,保持良好的心理状态,以积极的态度投入训练和比赛。

第二节 心理训练的方法

一、一般方法

1. 表象技能训练

表象训练是运动员有意识地在头脑中再现或完善运动表象,从而增强运动员的心理调节能力、提高运动员的心理适应性的一种心理训练方法。表象训练也称念动训练。

表象训练不仅可以促进技术、战术的形成与巩固,而且能有效地集中注意力,增强信心,使运动员精神振奋,斗志昂扬地参加比赛。

进行表象训练,必须在形成精确的运动表象的基础上进行。做法是运动员在安静和放松的情况下,集中注意力在头脑中想自己正在进行的某一个技术动作或运动。开始每天 5 分钟,随着能力的提高,可增加至 10 ~ 15 分钟。

2. 注意技能训练

注意力集中,就是使运动员学会全神贯注于一个确定的目标,不受任何外来刺激的影响和内心杂念所干扰,始终把心理活动指向和集中于当前活动任务上。

注意是心理活动或意识对一定对象的指向和集中。指向是指运动员能从众多的现象或刺激中选出某刺激作为心理活动的对象以便进一步反应,并使人的各种活动朝向该对象。集中则是指运动员能被选择出来的对象进行进一步的加工处理,使心理活动对该对象的反应持续一定的深入程度。注意技能是顺利完成活动的又一种重要的心理技能。运动员能在活动中"集中注意",这对技术和比赛任务的完成具有重要作用。

二、发挥摔跤运动员注意技能的方法

1. 采用心理暗示的方法调节注意力的指向。如：在紧张激烈的比赛中，可用一定的暗示语来调节注意，例如："以我为主""想技术，想动作"等。

2. 表象训练。任何表象技能训练都有助于提高运动员的注意力，因为表象实上是集中注意的另一种形式。

3. 找数练习。在 100 个小方格中随机地写 1 ~ 100 共 100 个数字，要求运动员在 1 分钟内尽可能多地按一定要求找出数字。运动员经常进行这种练习可提高其注意技能。

4. 意志训练。意志训练在运动员的整个训练过程中占有很重要的地位。摔跤的意志训练主要指在勇敢、顽强、不服输等方面培养运动员，使运动员在克服各种困难时能够表现出这些良好的意志品质。

在意志训练的过程中应注意以下几点：

(1)激发运动员的强烈愿望，树立战胜困难的信心。

(2)下定决心，并采用逐步加大困难的方法进行训练。

(3)对运动员严格要求。培养运动员的自觉性、组织性、纪律性。

(4)发展持久性的意志力。在训练中注意使运动员养成持久性的能力。使运动员既能在长时间内坚持努力训练，又能合理进行自我调节。

(5)采用必要的惩罚性措施。采用惩罚性的训练，是强制运动员进行意志品质的磨炼。

(6)针对不同个性特点，采取不同具体措施。由于运动员的个性特点不同，在同样的活动中引起心理活动变化的原因不同。意志品质的表现各不相同，有的明显意志品质差，不顽强，有的果断性差，有的独立性差等等。意志品质训练必须针对不同的个性特点，采用不同的具体措施。

第三节　比赛前后的心理调整

一、比赛前的心理训练方法

摔跤竞赛不仅是运动员拼体力、比技术的单纯的身体活动，而且也是运动员心理素质的较量。赛前心理训练的方法主要是利用预言和表象刺激来调节中枢神经系统的兴奋性,使之保持最佳竞技状态。赛前心理训练的方法有:

(一)模拟训练

模拟训练也称适应性训练,就是针对比赛可能出现的情况或问题进行实战的反复练习,使运动员参加比赛前做好适应性准备,从而提高运动员在比赛中的抗干扰能力,以较稳定的心理情绪去参加比赛。因此,模拟训练是赛前的主要心理训练方法。训练方法有:

1. 按比赛要求进行实战。
2. 适应比赛环境的训练。
3. 比赛对手的模拟训练。
4. 模拟裁判故意偏袒对手的训练。

模拟训练的内容很广泛。应根据运动员本人特点和比赛的实际情况来确定。

(二)心理诱导法

心理诱导主要有两种:

1. 赛前安定训练

要比赛好,必须保证充分的睡眠,转移注意力,使运动员心理放松。其手段也是多种多样的。

2. 安定比赛时的情绪训练

这种训练方法就是不使比赛的环境条件影响运动员产生异常心理变化,也不因比赛出现预料不到的变化而影响技术、战术的正常发挥。

(三)音乐调解法

音乐能影响人的身体和大脑,这一点已经被人们所接受。运动员在赛前如有异常表现,如过分的激动或紧张等,可以让他听一段有节奏的轻音乐或喜爱的歌曲,往往能得到调节情绪的良好效果。

二、比赛中的情绪及调整

运动员在比赛中情绪的表现多种多样,这些情绪对运动员竞赛表现影响较大。

(一)紧张

紧张是运动员在知觉到某种压力时所产生的一种情绪体验及相应的生理和心理反应。表现为全身僵硬、心神不定、失眠、尿频等,导致紧张原因也是多方面的,如竞赛规模、双方实力、比分落后、动作失误等都是导致运动员心理紧张的因素。

(二)悔恨

比赛中由于个人失误或疏忽大意造成比分或比赛失利产生的一种情感体验。悔恨既可能对活动产生积极作用,也可能对活动产生消极影响。

(三)陶醉

陶醉是当运动员处于最佳竞技状态时出现的一种情感体验,表现为兴奋、愉快、自我悦纳、全神贯注于比赛过程。

消除紧张情绪的方法很多,如转移调解法、音乐调解法、活动调解法、呼吸调解法等。

三、竞赛后的心理调整

比赛的成功或失败都会使运动员在比赛后产生各种各样的心理活动,会伴随着各种情绪体验。赛后一定要认真分析,并加以调整。

(一)运动员赛后心理状态分析

竞赛后运动员无论是胜是负,都会产生特殊的体验,都会给运动员带来积极或消极的情绪体验。

1. 比赛成功者的心理状态

比赛成功,完成预定目标,无疑这次成功必然会使运动员产生鲜明的情绪体验。但是这种情绪体验也不会完全相同。有积极的,也有消极的情绪体验。

比赛成功者的积极体验主要表现在:对胜利充满了自豪感,大受鼓舞,信心增强,希望继续比赛,不断取得更好成绩。

消极体验表现为:骄傲自满,目中无人,盲目自信,过高估计自己的能力,对今后训练漠不关心,不愿付出更大努力,松散等情绪。

2. 比赛失败者的心理状态

比赛失败或未能发挥自己应有的技战术水平导致成绩下降。但不同的失败者也会产生不同的情绪体验,这种体验也分积极和消极的两种。

比赛失败者的积极情绪主要表现为:比赛虽未获胜,但发现了自己的缺点和不足,正确分析失败原因,在今后的训练中决心克服它,渴望提高运动技术水平,明确方向,争取下次比赛取得胜利。

比赛失败者的消极情绪主要表现为:经不起失败的打击,情绪消沉,丧失信心,把失败归于客观原因;甚至一蹶不振,不想再练下去和继续比赛,退出运动生涯。

(二)运动员赛后的心理调整

运动员赛后虽然一下子放松了,但由于比赛产生的心理紧张状态赛后不是马上就能恢复到正常的心理状态,所以赛后必须对运动员的心理进行调整。

1. 针对不同心理状态对运动员进行正面教育,正确认识成败,提高认识,端正态度,合理进行总结。

对于不同的心理体验者进行不同的启发教育,多帮助,多鼓励,指出优点和有利因素,增强信心,也指出不足,正确估价自己,继续努力,争取今后取得更大胜利。

2. 采取转移注意力或积极休息等措施,消除身体疲劳。运动员每参加一次重大比赛,在肌体和心理上都要消耗大量的能量。尤其像摔跤的个人对抗项目,更是这样。因此,赛后都会感到身体异常疲劳,尤其是精神上的疲劳更甚。这就要采取一些恢复措施,如听听音乐、读读小说、逛逛公园等。使身体和心理都逐步得到调整与恢复。

第六章　摔跤专业性创伤的防治和恢复

第一节　摔跤创伤的防治

一、摔跤损伤的特点

摔跤运动损伤的发生部位与其专项技术动作有密切关系。在古典式摔跤中，损伤主要发生在腰背和胸肋，其次是肘关节、膝关节和耳部。这是由于在古典式摔跤的专项动作中，占相当大比例的是滚桥和提抱，这些动作都要靠腰部和胸部来完成，因此，容易造成腰背和胸肋部的损伤。

在自由式摔跤中，损伤主要发生在膝和腰，其次是肩、踝、肘关节和颈部。这是由于专项技术动作使膝关节经常处于屈曲姿势或过伸状态而易受伤。

二、摔跤损伤的原因

根据摔跤运动的特点——两人徒手激烈大强度的对抗，产生损伤的原因有以下几个方面：

1. 思想上放松，不够重视。
2. 准备活动不充分。
3. 训练组织得不好，系统性差或运动量安排不适宜。
4. 场地设备有问题，场地不平整，垫子中间有缝。
5. 技术动作错误；如上下锁臂时别住对方的肘关节。
6. 缺乏自我保护，倒地姿势不正确。
7. 缺乏医务监督或自我监督。

由于摔跤运动对肌肉力量要求很高，因此由于某部分肌肉力量不足引起的运动创伤,也是不可忽视的内在原因。

三、摔跤常见的运动损伤

在摔跤训练和比赛中一般容易出现以下损伤:

(一)耳郭损伤

一般在小级别比赛中发生较多,由于挟颈动作(正反挟颈摔)的挤压、碰撞等造成耳郭红肿、充血,如不注意保护或适当休息易导致耳郭软骨化,耳郭变形。

(二)皮肤擦伤

摔跤垫上的盖单是人造革缝制而成的,人造革的接缝边口在两人站立或跪撑角斗中用手臂撑地或头部做桥时,导致皮肤擦伤。

(三)嘴鼻的撞伤

双方运动员在相互争斗中头部互撞所致。

(四)关节损伤

摔跤是以手臂动作为主要进攻手段的运动,尤其是古典式摔跤,所以损伤经常发生在腕关节、肘关节、肩关节,自由跤发生在膝关节,某些犯规动作也易造成关节损伤。另外,被摔的运动员倒地不正确,造成关节脱臼、韧带扭伤等损伤。

在摔跤中,脚是动作发力、支撑、进攻及被进攻的部位。因此,踝关节韧带损伤也是摔跤运动员较常见的一种损伤。在踝关节韧带损伤中,以踝关节外侧副韧带扭伤更多见,当足过度内翻时,容易造成踝外侧副韧带损伤。

(五)胸肋勒伤

目前后抱腰滚桥翻滚技术应用得越来越广泛,被滚桥运动员不小心造成胸肋勒伤。例如:滚桥过程中,进攻队员搓揉及滚桥过程中双臂紧扣和发力,造成防守方队员肋骨的挤压伤;提抱过程中,攻方队员提抱防守队员做过胸动作时,造成肋骨的扭错,使肋软骨损伤;在跪撑对抗中,攻守双方对峙时,胸部相互挤压,导致肋骨骨折和软骨组织损伤。

（六）腰背肌的损伤

在古典式摔跤中，提抱动作主要靠腰部肌群用力，特别是骶棘肌始终处于收缩状态。如果训练和比赛时，提抱动作用得过多，而又得不到充分放松，久而久之，就会造成腰肌劳损，此外，在古典式摔跤的滚桥和提抱动作中，腰背主要发力的肌肉是骶棘肌，在做动作时，突然发力可造成骶棘肌及腰背其他肌肉急性损伤。

四、摔跤损伤的预防

为了减少运动员受伤的发生，避免伤害事故，保证教学、训练和比赛正常进行，首要的任务是预防工作。根据产生运动损伤的基本原因，损伤预防的方法主要有：

（一）加强思想教育，提高认识，重视损伤的预防

要加强对摔跤运动的目的性教育，使教练员和运动员认识到预防运动损伤的重要性。其次，要加强对运动员的组织性及道德品质教育，严禁采取不道德手段有意犯规伤人和使用粗野动作。

（二）加强身体全面训练

由于摔跤运动对抗剧烈，决定了在训练中，不仅要注意加强对易伤及相对薄弱部位的训练，而且要加强对运动员全面身体素质的训练，以提高机体的适应能力。这是预防运动损伤的一种积极手段。

（三）合理安排训练和比赛

训练计划应合乎训练原则，充分了解每次训练容易引发受伤的动作，事先做好准备，及时采取相应预防措施。

训练中要合理安排运动量，防止局部负担过重。此外，训练后应采取有效的措施及时地消除疲劳。

（四）认真做好准备活动

准备活动的内容和量应该根据训练和比赛的内容以及个人身体情况和气候条件而定。准备活动一定要充分，有针对性。

第二节 摔跤创伤的康复训练

一、颈部损伤

颈部损伤的发生率较高，以 四、五颈椎最多。摔跤中，更多见的是颈部软组织损伤。

轻度、中度软组织损伤，伤后 2 ~ 3 天就可以进行少量轻微活动。活动方式以伸展动作为主，受伤一周后，加入一些颈部力量练习，大约 15 天后 症状基本消除，可逐渐进行正规训练。

二、腰部损伤

摔跤运动员腰部损伤是相当多见的，以急、慢性腰肌劳损为主。包括肌肉筋膜、韧带和滑膜的损伤，其中慢性腰肌劳损对运动员正常训练影响较大。

（一）急性腰扭伤

轻度扭伤休息 2 ~ 3 天，较重扭伤需要休息 1 周左右后才能逐渐恢复训练。

（二）慢性腰肌劳损

持续性腰痛者应暂停腰部及体前屈运动。根据腰上疼痛严重程度及训练后的反应安排运动量和强度，每次训练时间不宜太长，训练内容要多样化。

三、上肢损伤

上肢损伤在摔跤运动中发生率也相当高，且以肘关节软组织损伤为多见。

急性期过去后，要等到局部疼痛基本消除才能开始训练，应逐渐增加运动量和负荷强度。避免做重复受伤动作练习。加强前臂肌肉力量及伸展练习。

四、膝关节损伤

在摔跤运动中,膝关节的急性损伤以膝内侧副韧带拉伤较为多见,而慢性损伤则以髌骨劳损为多见。

(一)膝内侧副韧带损伤

轻者2~3天后可以开始步行锻炼,每日练习直膝抬腿及负重抬腿、抗阻垂膝抬腿练习,总时间40~50分钟。

重伤者,伤后3天,每日做2~3分钟股四头肌的静力收缩,1周后可增加直膝抬腿练习,并逐步过渡到负重直膝抬腿练习,2~3周开始练习走路,练习膝关节屈伸运动,并逐渐过渡到屈曲位抗阻伸膝练习。在恢复训练中,弹力绷带对膝关节恢复有一定帮助。

(二)髌骨劳损

对于髌骨初期劳损,症状较轻。暂时控制或减少跳跃量和膝关节半屈曲位扭转发力动作。对于半蹲位发力动作出现膝疼者,一般应停止训练,停止半蹲位发力练习,在不加重疼痛的情况下,可加强股四头肌力量练习,如"静蹲",站桩要求双膝呈120°半蹲位,时间由几分钟逐渐增加至20分钟,并由不负重过渡到负重站桩。

五、踝关节损伤

急性期应抬高患肢,注意休息。一旦肿胀、疼痛开始缓解时,要积极进行关节周围肌肉力量练习及屈伸活动,如提踵、屈伸、走路等。解除固定后,逐步参加一般练习。重压患处无疼痛、踝关节强迫内翻无疼痛感时,可除去支持带恢复正常训练。

第七章　摔跤运动员的科学选拔及兴趣培养

第一节　摔跤运动员的科学选拔

一、选拔的定义及目的

选拔就是选择适合需要的人才，或者说要选择具有某方面非凡能力的人。

根据运动项目的要求和特点，用科学的方法测试和预测，并进行一定时间的考察，从众多的少年儿童中，准确地选择出那种各方面条件优越，适合某种运动项目所需要的人才，并从小进行系统的培养、训练，以创造优异的运动成绩。

二、摔跤运动员选拔的基本内容

（一）家系调查

运动实践证明，著名运动员的后代中，有 50% 的人在运动能力上有突出的表现，这项工作可提高选拔的准确性。在摔跤运动员选拔工作中，家系调查有：父母、祖父母、外祖父母、兄弟姐妹等运动史，身体健康水平，有没有慢性疾病，对体育运动的兴趣，以及被选者身体发育史等。

（二）体格检查

1. 肌肉系统

首先是体重，其次是肌肉系统的发达程度、对称性、测试肌力（握力、背力、腹肌力量），并给予评价。

2. 骨骼系统

检查骨骼发育水平、身高是否达到本项目要求；在立正姿势下，看肩、髋、四肢是否对称；胸廓状态：是否有鸡胸、桶胸、扁平胸等畸形现象。脊柱生理弯曲是否正常；上肢各关节是否正常；下肢是否有 X 型或 O 型腿以及足弓状况。

3. 心脏血管系统

心率、心音、血压是否正常。

4. 呼吸系统

胸透、肺活量、肺通气量测试。

5. 肝功能检查

6. 血液常规和尿常规检查

7. 个人病史

（三）选材指标的测试

指标测试包括形态、机能、运动素质、神经类型等。内容有：

1. 体重、身高 ×100
2. 指距
3. 上臂围差
4. 肺活量
5. 最大摄氧量
6. 30 米跑
7. 800 米跑
8. 立定跳远
9. 纵跳高度
10. 背力
11. 腿力
12. 握力
13. 腹肌力
14. 神经类型

第二节　摔跤运动的兴趣培养

一、摔跤的作用

1. 促进人体的全面发展

经常从事摔跤运动的人，不仅有强壮的体魄，而且能促进人体的全面发展，特别能培养人的力量、灵巧、速度、耐力等身体素质，增强人的内脏功能，促进新陈代谢。

2. 培养良好品质，锻炼意志

摔跤运动要求运动员要有勇敢、顽强、坚韧不拔、吃苦耐劳的意志品质以及为国家、集体荣誉而拼搏的精神，这些优秀品质都是在摔跤运动中培养的。

3. 提高防身和自卫能力

摔跤技术就是使用各种方法摔倒对手，所以具有很高的实用性，从事摔跤的人不仅能提高肌体健康，强身健体，还形成了一定的摔跤技能，具有防身自卫，克敌制胜的能力。

二、摔跤运动员训练兴趣的激发与培养

训练兴趣是训练积极性中很现实、最活跃的心理因素，它在摔跤运动训练中起着非常重要的作用。儿童、少年运动员的训练与动机同他们的需要、情感体验以及训练水平有关。培养和激发摔跤运动员的训练兴趣应从以下几个方面着手。

（一）了解运动员的需要，激发适当的运动动机

由于每名运动员参加摔跤运动的动机和需要不同，因此教练员要了解每名运动员的不同需要，并满足这些需要。在了解的基础上，激发运动员适当的训练动机对培养儿童少年摔跤运动员对摔跤项目强烈而持久的训练兴趣是十分必要的。在培养和激发运动员内部动机的过程中，应注意以下几点：

1. 尽量变换训练方式，使训练有趣，吸引人。

2. 对在训练和比赛中有良好表现进行不规律的奖励，并注意个体差异，因人而异。

（二）训练过程中，调动运动员积极的情绪体验

摔跤运动，训练艰苦，要成才需要七八年时间，这就要求在训练过程中尽量使运动员感到训练的乐趣。

1. 训练内容的安排要合理。内容安排要系统性，又要注意运动员的年龄、体质、可接受能力等特点。

2. 训练方法和手段多样化。采用不同的训练方法，变换练习手段可以改变训练气氛。

教练员在教学过程中的讲解与示范动作既要简明扼要又易于理解与把握。以鼓励和奖励要为主。

(三)促进儿童少年摔跤运动员自我责任感和自我价值感的发展

要使运动员在长期艰苦的训练中始终保持训练的热情,这不仅需要运动员对摔跤项目的喜爱,而且更需要运动员具有为实现自己的训练目标而不断努力奋斗的责任感。

少年儿童运动员自我责任感的培养,就是对自己行为决策能力、对自己行为自控能力的培养。

为了促进少年儿童运动员自我责任感和自我价值感的发展,教练员可以从以下几个方面入手:

1. 了解运动员自我控制类型

运动员有不同的控制类型,反映了他们生活中感到能够把握和控制各种事物的程度。运动员自我控制类型分为外控型和内控型。内控型运动员要比外控型运动员好。作为教练员必须了解运动员的控制类型,帮助他们加强自身的控制能力,使他们能持之以恒地坚持训练。

2. 教会运动员设置现实的、能够承担其责任的目标

运动员的自我责任感与自我价值的形成,是以其自身的成功与失败的经历为基础的。如果运动员在训练或比赛中通过努力获得成功,那么他就会对自己的行为负责,而且更有价值感。相反,失败或受到挫折,他就会感到自己无能,甚至会放弃努力。所以,教练员在平时训练中应该给运动员设置现实的、合理的目标,使他们能通过努力实现自己的目标。

3. 对少年儿童运动员的期望作用

教练员对运动员提出不同的要求,这就是教练员的期望。教练员对运动员的期望能够影响少年儿童运动员的自我价值。这种期望作用在他们身上表现出明显的效果,这是因为教练员在他们心目中占有很重要的地位,他们特别需要教练员对自己的重视,他们一旦感到教练员对自己抱有很高的期望,就会更大地调动自身训练的积极性,从而促进运动潜力的开发。

第八章　摔跤的竞赛工作

摔跤运动竞赛工作是摔跤教育和训练的一个重要组成部分，是普及群众摔跤运动和提高我国摔跤运动水平极为重要的一项措施。

第一节　竞赛的组织

一、成立组织机构

组织机构包括组织形式、工作人员名额，组织委员会下设的各部门及负责人名单等。

二、制订竞赛规程

竞赛规程是组织者和参赛者的指导性文件，竞赛规程主要包括有下列内容：竞赛名称、目的、任务、主办单位、竞赛日期和地点、各单位参加人数、运动员参加资格、报名及报到日期、竞赛办法、采用的规则、竞赛日程安排等。

三、赛前筹备工作

总务组的筹备工作：拟定大会文件、大会会议、文娱活动、发奖等以及接待、交通、食宿、宣传、票务、医务、治安等行政事务工作。

四、竞赛结束工作

各部门做好工作总结，组织闭幕式和发奖仪式，印发成绩册，安排各队及裁判员离会等有关事宜。

第二节　竞赛制度与编排

一、竞赛制度

摔跤比赛常用的比赛制度有:淘汰制、循环制、单败复活和单败全复活制。

(一)淘汰制

分单败淘汰制和双败淘汰制两种。

(二)循环制

分单循环和分组循环比赛制两种。

目前我国多采用单败复活和单败全复合制。

二、比赛场地和器材

(一)比赛场地

正规比赛场地安排2~3块垫子。垫子由硬度适当的海绵制成,厚度6~8厘米,垫子表面覆盖一块12米见方的盖单,盖单中心有直径为7米的圆形比赛区,比赛区外有1米宽的红色消极区,消极区外有1.2米或1.5米的蓝色区域即保护区。盖单的对角应有红、蓝两种颜色的标志。

(二)比赛器材

1. 红、蓝袖标若干副,单音哨5~8个。
2. 磅秤3台。运动员住地放一台,体重称量室放两台。3台磅秤必须一致。
3. 每个场地必备一台公开计时器和一块秒表。
4. 每个场地必备两套示分牌。一套示分牌位11块,其中红、蓝、白各一块,标有1、2、3、5字样的红蓝牌各一块。
5. 每个场地必备红、蓝小三角旗各3面,并配有插座。红蓝指示灯各两套。
6. 每个场地有锣、翻分牌两台(贴有红蓝标志)。

7. 各种竞赛表格。

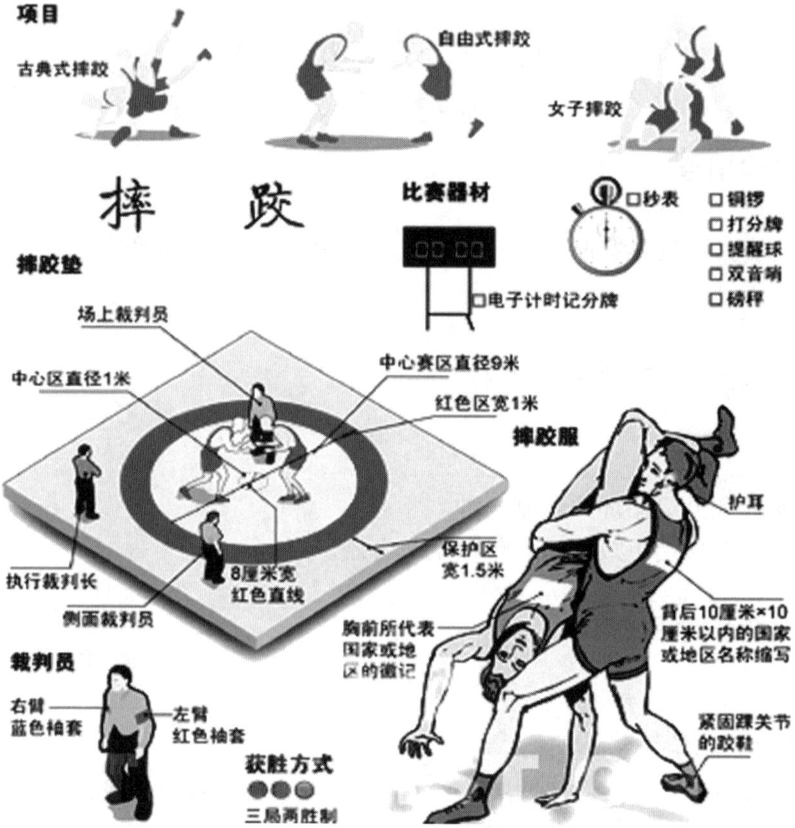

比赛场地和器材图

三、比赛时间、体重级别、年龄分组

(一)比赛时间

1. 男女儿童组和少年组,每场比赛为三局两胜制,每局比赛 1.5 分钟,局间休息 30 秒钟。

2. 男女青年组和成年组,每场比赛为三局两胜制,每局比赛 2 分钟,局间休息 30 秒钟。

(二)体重级别

国际比赛成人组级别：

——男子自由式摔跤:57kg、61kg、65kg、70kg、74kg、86kg、97kg、125kg

——男子古典式摔跤: 59kg、66kg、71kg、75kg、80kg、85kg、98kg、130kg

——女子自由式摔跤:48kg、53kg、55kg、58kg、60kg、63kg、69kg、75kg

奥运会及奥运会预选赛参赛级别:

——男子自由式摔跤:57kg、65kg、74kg、86kg、97kg、125kg

——男子古典式摔跤:59kg、66kg、75kg、85kg、98kg、130kg

——女子自由式摔跤:48kg、53kg、58kg、63kg、69kg、75kg

青少年男子组古典式和自由式级别：

儿童组:	少年组:	青年组:
29～32kg	39～42kg	46～50kg
35kg	46kg	55kg
38kg	50kg	60kg
42kg	54kg	66kg
47kg	58kg	74kg
53kg	63kg	84kg
59kg	69kg	96kg
66kg	76kg	96～120kg
73kg	85kg	
73～85kg	85～100kg	

青少年女子自由式级别:

儿童组:	少年组:	青年组:
28～30kg	36～38kg	40～44kg
32kg	40kg	48kg
34kg	43kg	51kg
37kg	46kg	55kg
40kg	49kg	63kg
44kg	52kg	67kg
48kg	56kg	74kg
52kg	60kg	67～72kg
57kg	65kg	

（三）年龄组

1. 男女儿童组:14～15 岁 （13 岁者需有医生证明）
2. 少年组:16～17 岁 （15 岁者需有医生证明身体健康方可参加少年组）
3. 青年组:18～20 岁 （17 岁者需有医生证明身体健康方可参加青年组）
4. 成年组:20 岁或 20 岁以上

四、单败淘汰复活制编排

例:8 人参加比赛

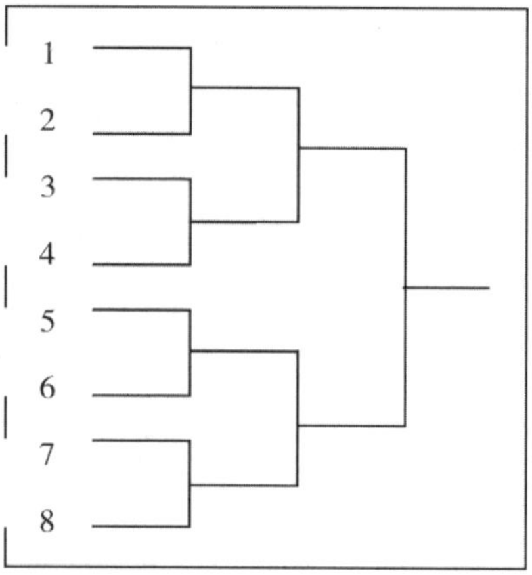

淘汰赛

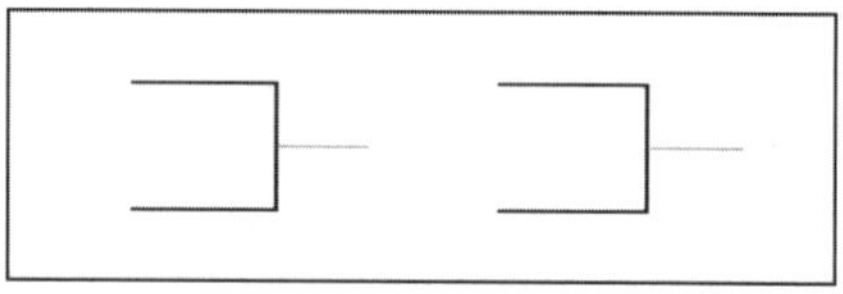

复活赛

五、单败全复活制编排

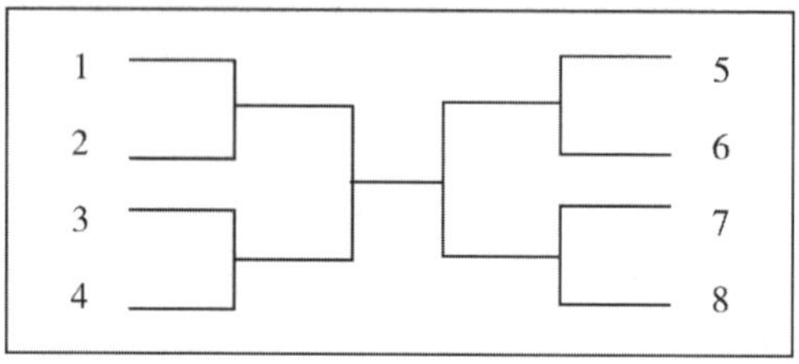

淘汰赛

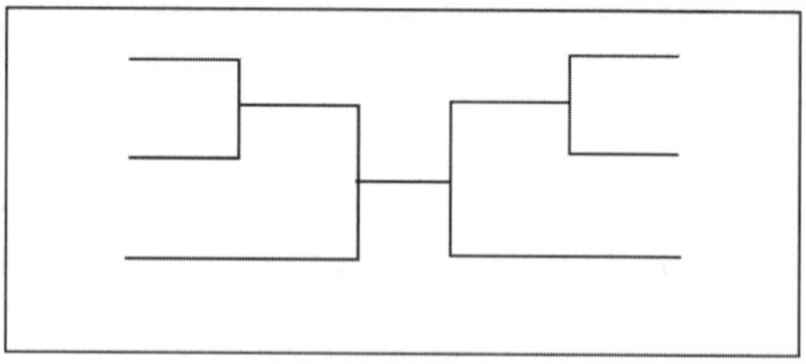

全复活赛

第三节 摔跤的裁判工作

摔跤裁判工作是摔跤竞赛工作的主要组成部分,它不仅直接影响竞赛工作的成果,而且对普及和提高摔跤运动具有重要意义,因此,裁判员要精通摔跤规则和裁判法,不断提高裁判水平。

裁判员是摔跤比赛的组织者,他必须清楚地认识到自己的水平高低直接影响运动员技战术水平的发挥及比赛结果。

一、裁判的组成

在比赛中,每场比赛的裁判组一般由下列人员组成:执行裁判长一名,场上裁判一名,侧面裁判一名。在任何情况下,一场比赛的裁判组不允许有两名同一国籍的裁判员,严禁裁判员裁判本国运动员。

二、裁判员的一般职责

1. 裁判组应保证执行摔跤竞赛规则中所规定的所有职责。

2. 裁判长、场上裁判员和侧面裁判员,应独立地评判每一个动作。为能够得出最后结果而共同决定,裁判组应该在裁判长的领导下协同工作,裁判长负责调整裁判员工作。

3. 裁判长和侧面裁判员应用启示表以最明确的方式记录双方运动员的全部动作,分数应准确地填写在相应的表格里面,记录表必须有三名裁判员的签字。

4. 如果一场比赛结束,没有出现双肩着地,裁判长应根据自己和侧面裁判员的场上记录表的记录作出胜负决定。

5. 裁判员所判的分数,应用示分牌的方式公布于众。

6. 比赛进行期间,临场裁判组成员依据各自职位,应该使用国际摔联的基本词汇中的术语,除表达意见外,禁止讲任何其他事情。

(一)场上裁判员

1. 场上裁判员对该场比赛顺利进行负有责任,他必须根据规则指导比赛。

2. 在裁判员指导下，同侧面裁判员精密配合，在比赛受到外界干涉和冲击时必须执行他管理比赛的职责。

3. 场上裁判员左臂应佩戴红色袖套，右臂佩戴蓝色袖套，在运动员做动作（其动作有效）均应用手指示意分数。举右臂示意蓝方运动员得分，举左臂示意红方运动员得分。

4. 下列情况出现时，场上裁判员应立即作出判决

（1）惩罚一方或双方运动员。

（2）判场内完成的动作是否有效。

（3）在征得侧面裁判员或裁判长的同意下，示意宣布双肩着垫。再用手拍垫子，然后吹哨。

（4）不中止比赛，向侧面裁判员和裁判长示意他认为哪个运动员消极，征得同意后，根据程序向该运动员示意消极。

5. 场上裁判员必须特别注意下列情况

（1）运动员在站立摔时，不要离他太近，太近会影响运动员技术的发挥，并且会看不到运动员腿上的动作。跪撑时可以站得近一些。

（2）比赛中不允许运动员假借擦身体、擦鼻涕、装受伤等进行休息，这种情况应停止比赛，并且示意计时员计时。

（3）应该在场上不时地变换自己的位置，运动员双肩着地时，为了更好地进行观察，应立即平趴在垫子上。

（4）不中止比赛，督促消极运动员积极比赛。

（5）运动员接近场地边缘时，应准备吹哨。

（6）古典式摔跤中，应特别观察运动员的腿。

（7）淘汰运动员或取消运动员比赛资格时，应同裁判组其他成员一起投票表决，经裁判长同意后，宣布获胜者。

6. 场上裁判员有权要求对犯规或行为野蛮动作进行制裁。

（二）侧面裁判员

1. 侧面裁判员应该履行摔跤规则所规定的职责。

2. 在比赛过程中，必须集中精力观察比赛，对场上出现的一切情况都必须发表自己的意见。

3. 在比赛过程中，对运动员得分情况，主动地打分，并根据多数（2 人）裁判员的意见，把分数记录在“表上”。

4. 应提出自己的观点，或指出消极运动员。

5. 判定运动员是否双肩着地。

6. 比赛中，应提醒场上裁判员没有看到的或没有注意到的情况，如，双肩着地、犯规动作、被动状态等。

7. 侧面裁判员应在他的场上记录表上签字，必须将比赛结果清楚地填写记录表上，并以清楚的方式划除失败者的姓名。

8. 比赛在双肩着地、弃权或其他情况下结束时，必须记录下确切的时间。

（三）裁判长

1. 裁判长的职务比较重，他应履行规则中规定的所有职责。

2. 裁判长协同场上裁判员与侧面裁判员的工作。

3. 场上裁判员与侧面裁判员意见不一致时，裁判长决定比赛结果。如，分数、双肩着地等。任何情况下，裁判长不能先表态，应等待侧面裁判员与场上裁判员的意见。在明显犯规错判的情况下，裁判长有权中止比赛，并询问侧面裁判员的决定理由，裁判长将在2票优势下（2∶1）立即更正场上裁判员或侧面裁判员的决定。

三、表决

1. 场上裁判员举手表示自己的意见，如果侧面裁判员的意见一致，决定成立。

2. 如果侧面裁判员和场上裁判员之间不一致，由裁判长做出决定。

3. 如果考虑取消运动员比赛资格时，只有当裁判组和其他的代表多数赞成后才能宣布。表决不必一致同意，3∶1多数赞成是必须的（其中包括裁判长和其他的代表的赞成才行）。

第九章　摔跤的竞赛规则

第一节　竞赛程序

一、比赛天数

奥运会比赛一般需用8天，在3块垫子上进行。

成年（Senior）和青年（Junior）世界锦标赛（World Championships）的比赛3个跤种（自由式、古典式、女子摔跤）分7天及6天在3块垫子进行。经国际摔联同意，比赛时可根据报名运动员人数酌情增加或减少一块摔跤垫。

二、原则

在所有类型的比赛中，每单元比赛不得超过3个小时。

争夺冠亚军的比赛必须在同一块摔跤垫上进行。争夺第三名的比赛可在两块垫子上进行。

三、称体重、抽签、配对

1. 称体重：赛前按规定级别称量体重，每个级别必须在半小时内称完。称重时须穿摔跤服。超重取消比赛资格。

2. 抽签：称量体重合格者才能抽签。

3. 配对：根据签号进行配对。

四、竞赛办法

比赛采用单败淘汰复活制，按下列方式进行：

1. 资格赛

淘汰赛时运动员人数必须是理想数字,即 2 的 N 次方,如 4、8、16、32、64 等。如某个级别的人数不是 2 的 N 次方,则先要进行资格赛。

2. 淘汰赛

运动员的比赛顺序编排,是依据称量体重后随机抽签的号码进行排列的。所有负于冠亚军决赛选手的运动员将配对进行复活赛。比赛分 A、B 两组进行;一组是负于 A 组第一名的运动员,另一组是负于 B 组第一名的运动员。复活赛由第一轮比赛(包括寻找编号为理想数字的运动员)至半决赛中负于参加冠亚军决赛的两名运动员以单败淘汰方式分组进行,两组中最后一场比赛的胜者分别获得一枚铜牌。

每个级别的比赛 1 天内结束,称量体重在比赛前一天进行。

比赛将以下列方式进行 :

——资格赛(Qualification Rounds)

——淘汰赛(Elimination Rounds)

——复活赛(Repechage Rounds)

——决赛(Finals)

如某个级别运动员人数不足 6 人时,比赛将采用单循环赛制(Nordic Round)。

单败淘汰复活赛制(Direct Elimination with Repechage)范例:

例:某级别 22 名运动员参加比赛,随机抽签编号。

(1)资格赛:为获得运动员的理想比赛人数(16 人),首先进行资格赛,淘汰 6 人。参加资格赛的是 11 ~ 22 号的运动员。

根据编排办法,比赛将按下面的方式进行:

——11 号对 12 号

——13 号对 14 号

——15 号对 16 号

——17 号对 18 号

——19 号对 20 号

——21 号对 22 号

六场比赛的获胜方(Winner),将参加后面的单败淘汰赛。

(2)淘汰赛:通过资格赛我们获得了理想的 16 名比赛运动员,分别是签号为 1 ~ 10 号的运动员和资格赛获胜的 6 名运动员。假设为 12、13、15、17、19 和 22 号。根据编排办法,第一轮淘汰赛将按下列方式进行 :

——1 号对 2 号

——3 号对 4 号

——5 号对 6 号

——7 号对 8 号

——9 号对 10 号

——12 号对 13 号

——15 号对 17 号

——19 号对 22 号

(3)复活赛:正如前面所说,比赛中所有负于参加冠亚军决赛的运动员将进行复活赛。

负于参加决赛的 5 号运动员分别是:

6 号(第一轮的负者 Loser)

7 号(第二轮的负者)

3 号(第三轮的负者)

负于参加决赛的 15 号运动员分别是:

16 号(资格赛的负者)

17 号(第一轮的负者)

19 号(第二轮的负者)

12 号(第三轮的负者)

复活赛将按以下方式进行:

第一场比赛:6 号(第一轮的负者)对 7 号(第二轮的负者);第二场比赛:第一场的胜者(6 号)对 3 号(第三轮的负者)6 号运动员是负于参加决赛的 5 号运动员复活赛中的获胜方。

同样办法也适用于负于 15 号决赛的运动员。

第一场比赛:16 号(资格赛的负者)对 17 号(第一轮的负者)

第二场比赛:第一场的胜者(16 号)对 19 号(第二轮的负者)

第三场比赛:第二场的胜者(16 号)对 12 号(第三轮的负者)

16 号运动员是负于参加决赛的 15 号运动员复活赛中的获胜

上述两名复活赛的获胜选手(6 号和 1 6 号)分别获得一枚铜牌。

3. 名次排列的标准

(1)每个级别 5 ~7 名的运动员,按以下标准排列名次:两场争夺铜牌的运动员的负者,并列第 5 名。

(2)7 名以后的运动员名次排列,由名次分以及退出、伤弃或取消比赛资格等标准决定;如名次分相同,则按以下标准排列名次:

——双肩(Fall)数量多者名次列前

——技术优势(Technical Superiority)获胜场次(match)数量多者名次列前

——所有比赛中获得技术分(Techn ical Point)总分高者名次列前

——所有比赛中技术分失分少者名次列前

如果上述标准不能确定名次,他们将按公平合理的原则被排定名次。

复活赛中运动员的名次排列

将根据他们在所有比赛中(包括资格赛、淘汰赛和复活赛)获得的名次分的总和决定。

注:因使用犯规动作、粗鲁和不公平竞赛行为而被取消比赛资格的运动员不排列名次。复活赛中继续比赛的运动员将直接与后面的运动员进行比赛。如运动员无故未能出场比赛 ,其对手将自动获得该场比赛的胜利,该运动员被淘汰,且不被排名。

4. 单循环赛制排名标准

在单循环赛制中,获胜的名次分有四种:

——双肩着地

——点名未到

——退出比赛

——取消资格

在单循环比赛中,不论名次分是多少,获胜场次多的运动员将最终夺冠。

如果两名运动员得分相同,将参照他们之间的比赛结果,获胜方排名在前。

如果两名以上运动员得分相同,将按下列标准进行淘汰,直至剩余两名运动员:

——双肩(Fall)数量少者

——技术优势获胜场次(match)数量少者

——所有比赛中获得技术分(Technical Point)总分低者

——所有比赛中技术分失分多者

五、比赛规定

——儿童组及少年组:每场 2 局,每局 2 分钟,中间休息 30 秒

——青年组及成年组:每场 2 局,每局 3 分钟,中间休息 30 秒

在成年比赛中，计时器上的时间应从 0 开始，6 分钟结束。儿童组、少年组比赛从 0 开始，4 分钟结束。各类比赛中每场比赛时间如下：

两局分数累积相加，分数高者获胜。古典式摔跤出现 8 分分差，自由式摔跤出现 10 分分差时，比赛结束。

比赛中无论何时出现双肩着地，该场比赛立即结束。

——青年、成年组自由式摔跤(3 分钟一局)：如果比赛进行到 2 分钟时，比分仍为 0∶0，裁判组应指定出消极一方。

——青年、成年组古典式摔跤(3 分钟一局)：如果比赛在 0∶0的情况下结束，比赛最后阶段积极的一方将获得胜利。

第二节 得分标准

一、得分标准

得分的标准时根据运动员所使用的动作的质量高低、幅度大小和倒地姿势等进行评定。得分共分四个分值，即 1 分、2 分、4 分、5 分。

(一)得 1 分

1. 自由式摔跤中，一方运动员站立或跪撑时使用正确的动作使对手三点着地，并未在对手身后控制；

2. 自由式摔跤中，使用动作时对手犯规，但进攻运动员动作仍然成功，进攻方得 1 分；

3. 自由式摔跤中，对手逃出界外、逃避抓握、拒绝正确的开始姿势、使用犯规动作或暴力行为；

4. 站立状态时，使对手一只脚的全脚掌踏入保护区。

关于站立状态下运动员出界的详解 ：

如进攻运动员在做动作时踏入保护区，则：

(1) 如动作做成功，得到相应技术分值；

(2) 如动作未做成功，裁判员吹停，防守方得 1 分；

(3) 如进攻方将对手抱提起并控制，但随后出界，且在此过程中未能使用动作得分，裁判吹停比赛，进攻方，不失分。

注:直接将对手推出界不得分。如果第二次再出现时:

——古典式一个警告罚2分,

——自由式一个警告罚1分。

5. 自由式摔跤中,对手假借受伤暂停比赛,但没有出现流血现象或明显受伤迹象;

6. 一方运动员对已经复议过的动作分值再次提出申诉,对手得1分;

7. 自由式摔跤中,强制30秒未得分;

8. 自由式摔跤中,跪撑状态时,进攻或防守运动员在裁判员提醒后仍不使用正确的跪撑起始姿势;

9. 反攻(跪撑时防守方成功转移)。

(二)得2分

1. 站立状态下通过反攻动作,转移到对手身后并控制其成三点着地(二手和一膝、二膝和一手或一头);

2. 古典式摔跤中,站立或跪撑状态使用动作将对手摔至垫上、但未形成转移控制,使其三点着地(二手和一膝、二膝和一手或一头);

3. 运动员使用正确的动作,将对手处于危险状态或瞬间双肩着地,包括使对手单手或双手撑地;

4. 古典式摔跤中,防守方使用犯规动作,但进攻方仍完成动作,则进攻方得2分;

5. 古典式摔跤中,一方逃避抓握、逃出界外、拒绝正确的跪撑开始姿势、使用犯规动作或野蛮动作,判对方得2分;

6. 使对手双肩滚动;

7. 对手处于危险状态时为脱离控制逃出界外;

8. 防守方使用犯规动作,以阻止进攻方双肩着地动作的完成;

9. 防守运动员站立状态下使用反攻动作,将对手摔成危险状态;

10. 自由式摔跤中,运动员使用大幅度动作并控制住对手,但未使对手摔成危险状态;

11. 古典式摔跤中,跪撑状态时,进攻或防守运动员在裁判员提醒后仍不使用正确的跪撑起始姿势。

(三)得4分

1. 古典式摔跤中,站立时运动员使用动作将对手直接摔成危险状态,但幅度较小；

2. 自由式摔跤中，将对手直接摔成危险状态；

3. 将对手从垫上抱起后进行的有效技术动作并摔成危险状态，但幅度较小，即使进攻者的单膝或双膝跪在垫上；

4. 古典式摔跤运动员使用大幅度动作 ，但未使对手直接或立即处于危险状态。注意：古典式摔跤运动员使用大幅度动作时，如防守运动员的一只手，保持同垫子的接触，随后立即被处于危险状态，这种情况进攻运动员应得 4 分。

（四）得 5 分

1. 站立状态下，使用的大幅度动作，并使对手直接和立即处于危险状态 ；

2. 跪撑状态下，进攻队员将对手抱提离垫面，并使用大幅度动作将对手直接和立即处于危险状态。

（五）高级技术

是指大幅度、腾空翻转、双脚离地并直接处于危险状态的技术。

另外：

1. 比赛中运动员在站立或跪撑状态时逃出界外和逃脱抓握的行为将被罚 1 分或 2 分；

2. 取消对所有从地上发起的抱提动作的额外加分；

3. 取消对跪撑解脱动作的加分；

4. 取消消极警告后的跪撑选择；

5. 滚桥和交叉握小腿动作可连续使用。

（六）出界的判定

1. 边线

（1）站立和跪撑出界的界定

规则规定："站立出界以脚为标准，跪撑以头为标准。"但是站立和跪撑的界定是比赛中判罚的难点，在正常角斗中，站立和跪撑的判罚标准如下：

——如果一方运动员使用任何技术动作进攻，另一方运动员脚及以上部位着地且出界，均失分；

——如果双方运动员膝关节着地且相互把持，在边线区域角斗，出界应以头为例；

——如果双方运动员在边线相互把持，但一方运动员明显发力使用技术动作将对手摔出或挤出界外，该得几分得几分；

——如果双方运动员在边线相互把持，相互间无明显使用技术动作并没有获得优势，且出界，比赛从中心区站立状态开始，双方运动员均无分数。

（2）出界和技术动作完成的顺序

出界和技术动作完成判罚的关键点是进攻动作的连贯性；

——如果一方运动员在界内发起的进攻，连贯的将对方摔出界外，该得几分得几分；

——如果一方运动员在界内发起的进攻，在边线有明显停顿或二次发力，且对方脚先出界，应鸣哨按出界判进攻方得一分，比赛从中心区站立状态开始。

第三节　犯规动作和禁止事项

一、犯规

比赛中，双方运动员应按照国际摔联的宗旨和精神正确地使用动作，凡是违背体育道德，使用伤害对方的不正确动作，均为犯规，并要严肃处理。

二、犯规的具体表现

下列动作均为恶意犯规，应坚决予以制止，视情节严重者应直接取消比赛资格：

——掐住对手的喉咙 ；

——扭曲对手的小臂，使之大于90度；

——对对方的前臂，使用锁臂动作；

—— 用双手抱握对手的头或脖子，及类似的使人窒息的动作 ；

——只针对对方的双腋下握颈，没有骑缠动作向两侧翻；

—— 将对手的手臂拉到他的背后 ，同时向这种状态施加压力，使其小于90度；

——用伸展对手脊柱的方式使用动作 ；

——一只手或两只手将对手的头夹在自己的腋下，向任何方向使用动作 ；

—— 允许将对手的头和一只臂同时夹在自己腋下使用动作；

——站立状态下，当一方运动员头朝下时，另一方从后面搂抱，双肩着地的动作必须是向对手的两侧进行，禁止将对手头部直接着地；

——使用动作时，只能用单臂抱握对手的头或颈；

—— 一方在桥状态时，另一方将其提起并用力戳向垫子是禁止动作。起桥时，进攻方只能往下施力；

——向对手头部方向推压的办法压桥；

——如果进攻运动员在使用动作时犯规，该犯规动作无效并给其口头警告；如果进攻者重复再犯，将给予 1 次警告(0)，

——自由式给对手 1 分，

——古典式给对手 2 分；

——如果防守运动员使用犯规动作，阻止了进运动员动作的发展，防守队员将受到 1 次警告(0)，其对手将获得 2 分。

(一)女子摔跤禁止使用的动作

——跪撑状态或站立状态下，使用双腋下握颈动作。

儿童组和少年组禁止使用的动作为了保护年轻运动员的身体健康，下列动作为犯规动作，在儿童组和少年组比赛中使用：

——向前或向侧面的双腋下握颈；

——自由式摔跤中，进攻者的一条腿勾住对手的一条腿，同时使用双腋下握颈。

(二)违规时裁判员的职责

如果防守方使用了犯规动作，但进攻方仍成功使用了动作：

——阻止犯规动作；

——给进攻方同等动作的分值；

——给予警告(0)；

——自由式进攻方得 1 分，

——古典式进攻方得 2 分；

——停止比赛。

在发生犯规动作(站立或跪撑)状态，重新开始比赛；

如果防守方使用犯规动作，进攻队员动作未能成功：

——暂停比赛，并给予警告(0)；

——进攻方得 2 分。

三、犯规的处罚

在比赛中，运动员犯规，要看动机和效果，如果是无意的轻微犯规，而且未造成后果或伤害对方，则只提醒；反之则根据犯规严重程度给以警告，判给对方 1 ~ 2 分或者取消运动员的该场比赛资格；如果情节恶劣，性质严重，则可取消其全部比赛资格。

（一）判罚程序

——如果进攻运动员在使用动作时犯规，该犯规动作无效并给其口头警告；如果进攻者重复他的犯规，将给予 1 次警告，给对手 1 分；

——如果防守队员使用犯规动作阻止进攻队员动作的发展，如动作不成功，防守队员将受到警告，其对手将获得 2 分；如动作成功，防守方将受到警告，进攻方除获得技术得分外，还将获得 1 分。

（二）对消极的处罚

除了其他重要职责外，裁判员的职责之一是分辨哪些是真实的技术动作，哪些是为消耗时间所做的假动作。

1. 自由式摔跤比赛中，无论何时，只要执行裁判组认定运动员出现阻挡动作、锁手指、阻挠对手、不与对手接触等消极的违规行为，场上裁判员要举手示意“警告红方或蓝方”。首次在发生消极行为时，场上裁判员应暂停比赛并提醒“attention”；如果同一名运动员第二次出现消极行为，那么比赛被暂停，执行“30 秒钟强制得分”的处罚。场上裁判员不可在有明显技术动作出现时开始或停止“30 秒钟强制得分”。“30 秒”开始时，与被判罚运动员颜色相同的指示灯将亮起。如果双方在“30 秒”内都没有得分，那么“30 秒”结束时，之前消极的运动员将被判罚失 1 分并处以警告，比赛重新开始。如果任何一方运动员“30 秒”内得分，比赛继续，不暂停。

2. 自由式摔跤比赛进行到 2 分钟，场上比分仍为 0∶0时，裁判员必须确定消极一方运动员（执行上述判罚程序）。

3. 为确保比赛不会超时，在第一局 2∶30、第二局的 5∶30 之后，不再执行“30 秒钟强制得分”处罚，如裁判组认定某一名运动员消极，则判罚一个警告，对手得 1 分，教练员可对此提出申诉。

4. 如比赛 0∶0的比分接近 2 分钟时或“30 秒钟强制得分”结束前，一方运动员发起技术动作，裁判员不可吹停比赛，应等待运动员动作完成。如动作有效，裁判员应给出相应分数，且不暂停比赛；如动作无效，裁判员应暂停比赛，并对消极一方运动员实施“30 秒钟强制得分”。

5. 古典式摔跤中对消极的处罚如一方运动员出现阻挡、低头抵住对手前胸、锁手指、避免与对方胸贴胸接触等消极行为，裁判将判定消极一方，并按照以下程序进行处理：

成年组：

第 1 次消极：裁判大声清晰的给予口头提醒，且不暂停比赛。

第 2 次消极：当同一选手第二次消极，则被判定为消极，积极一方选择站立或跪撑继续比赛。

第 3 次消极：当同一选手第三次消极，则被判定为消极且被罚 1 分，积极一方选择站立或跪撑继续比赛。

再次消极：当同一选手再次消极，则被判定为消极且被罚 1 分，积极一方选择站立或跪撑继续比赛。

注：如比分为 0∶0，裁判对第 3 次消极的判定不可晚于 4 分 30 秒。

如时间到 4 分 30 秒，比分仍为 0∶0，场裁暂停比赛与执行裁判组选出消极一方罚 1 分，积极一方选择站立或跪撑继续比赛。

6. 青少年组及儿童组消极处罚程序待公布

（三）明显逃避抓握

当防守运动员有明显拒绝同对手接触、以阻止对手使用动作的行为时，被认为是逃避抓握；这种情况在站立和跪撑状态都可能出现；它们可能出现在比赛中心区，也可能涉及整个比赛区。逃避抓握将受到与逃出界外（Fleeing the Mat）同样处罚，即：

1. 跪撑状态的逃避抓握

——给逃避者 1 个警告（0）；

——自由式给对手 1 分，古典式给对手 2 分；

—— 比赛从跪撑状态重新开始

2. 站立状态的逃避抓握

——给逃避者 1 个警告（0）；

——自由式给对手 1 分，古典式给对手 2 分；

——比赛从站立状态重新开始

3. 古典式摔跤中对跪撑状态下逃避抓握的判罚

运动员被摔至跪撑状态后，向前逃出以免被对方运动员把持，但同时也使对方运动员的动作处于犯规状态——抓握到逃窜运动员的大腿部位，此时前者的行为被视为逃避抓握。

场上裁判员必须制止逃避抓握运动员的违规行为，并应清晰而明确的处理此类犯规，同时，他必须移动至运动员前方预防逃避抓握行为的发生：

——当处在下面的运动员第一次向前逃脱以免被对手把持时，场上裁判员必须口头提出警告“注意，不要逃脱”（Attention，no jump）；

——这种情况第二次出现时，场上裁判员应给予逃避抓握的运动员 1 次警告处罚，对手得 2 分；在征得执行裁判长和侧面裁判员同意后暂停比赛，让双方运动员站起来，示意该动作犯规，比赛从跪撑状态重新开始。

该办法适用于运动员向前逃出、逃避抓握的处罚；但运动员横向移动以避免被抓握的行为为有效动作，不应受到处罚；

处在下面的运动员不能通过弯曲、翘起单腿或双腿的动作来阻止对方运动员做动作；如果下面的运动员用腿来进行防守，将被警告 1 次，对手得 2 分，比赛从跪撑状态重新开始（如再次犯规，则将被再次警告 1 次，罚 2 分，从跪撑状态开始）。

逃出界外（Fleeing the mat）

无论站立状态还是跪撑状态，当一方运动员逃出界外时，应立即给其 1 个警告，并按下列情况给进攻运动员分数：

（1）跪撑状态下逃出界外：

——自由式 1 个警告（0）+ 罚 1 分；

——古典式 1 个警告（0）+ 罚 2 分，比赛从跪撑状态重新开始；

（2）危险状态下逃出界外：

——自由式、古典式 1 个警告（0）+ 罚 2 分；比赛从跪撑状态重新开始；

（3）站立状态下逃出界外：

——自由式 1 个警告（0）+ 罚 1 分，

——古典式 1 个警告（0）+ 罚 2 分，比赛从站立状态重新开始；

（4）逃出界外所给的分数均为技术分。另外，故意抱起对手离开比赛垫出界的，将被罚 1 个警告（0）；

——自由式判给对手 1 分，

——古典式判给对手2分。

（四）一般禁止事项

摔跤运动员禁止使用下列动作：

——揪头发、抓耳朵、抓生殖器、掐皮肤、咬人、撅手指或脚趾等；使用让对手痛苦、迫使对手窒息的动作；

——使用能危及对手生命、引起骨折、造成四肢脱臼的蹬踹、头击、掐喉、推撞等动作，或者踩对手的脚、触及对手脸部、眉口之间区域；

——用肘或膝关节顶撞对手的腹部或下腹部，使用能造成对手痛苦的扭曲动作，或抓住对方运动员的跤衣；

——紧贴在垫上或者抓垫子；

——比赛过程中谈话；

——抓对方的脚掌（可抓脚面或脚跟）；

——自己私下协商比赛结果（摔假跤）。

四、对不积极摔跤行为的处罚

1. 对低头、顶胸、封手、后退等消极摔法，裁判员应停止比赛，提醒消极方运动员，若继续消极，征得侧面裁判员或裁判长同意后，给予消极方警告+1分处罚。

2. 对逃避抓握，不接触或明显逃跑给予警告+1分的处罚。

3. 下面运动员在跪撑时，夹肘、收膝、及时提醒open，打开让对手实施进攻技术。

4. 下面运动员跪撑中明显向外爬，裁判员及时用stop提醒或阻挡，无效可给予警告+1分处罚。

第四节　名次分的评定

原则：运动员所获得的名次分，将决定其名次排列。

1. 胜者获得5分，负者0分的情况：

——双肩着地胜利（无论对手是否获得技术分）；

——受伤弃权；

——弃权；

——点名未到；

——取消比赛资格。

2. 胜者获得 4 分，负者 0 分的情况：

——技术优势获胜，对手未获得技术分；

3. 胜者获得 4 分，负者获得 1 分的情况：

——技术优势获胜，对手获得技术分。

4. 胜者获得 3 分，负者 0 分的情况：

——运动员在古典式整场比赛结束时以 1 至 7 分获胜；在自由式比赛以 1 至 9 分获胜，对手未获得技术分。

5. 胜者获得 3 分，负者获得 1 分的情况：

——运动员在比赛中，比分超出或后得分获胜，对手获得了技术分。

6. 红方 0 分，蓝方 0 分的情况：

——双方运动员违反比赛规定，被取消资格。

7. 双肩着地

——防守运动员的双肩同时被对手固定在垫上，有充分的时间让场上裁判员观察，确认双肩同时着地，该情况被视为双肩着地。

——边线出现的双肩着地，运动员的双肩必须全部在橙色区内，头不能接触保护区。

——在保护区出现的双肩着地无效。

——因运动员本人的犯规动作，造成了自己双肩着地，双肩着地被视为有效。

——场上裁判员确定的双肩着地，执行裁判长同意后，双肩着地有效。如果场上裁判员未示意，而侧面裁判员和执行裁判长认为双肩着地存在，在侧面裁判员和执行裁判长同意后，该双肩着地有效并予以宣布。

被观察到并得到确认的双肩着地，应该是清楚地存在并保持有一定的时间；运动员的双肩毫无疑问必须同时接触垫子，并且出现了第一段中所提及的短暂停顿时间，即使是站立时通过抱后腰过胸摔，导致的双肩着地；任何情况下场上裁判员都必须在征得侧面裁判员和执行裁判长，或至少征得执行裁判长的同意后，方能拍击垫子确认双肩着地，然后鸣哨结束比赛。

一旦出现双肩着地，任何一方都不能提出申诉。双肩着地的确定是在场上裁判员或侧面裁判员认定之后由执行裁判长认可的。

8. 技术优势胜利

除出现双肩着地、弃权或取消比赛资格外，比赛在下述情况可以提前结束，宣布获胜方。

——古典式摔跤比赛中出现8分分差；

——自由式摔跤比赛中出现10分分差。

在出现技术优势获胜时，场上技术动作（直接的进攻和反攻动作）停止前不能暂停比赛。

当古典式出现8分分差、自由式出现10分分差时，执行裁判长应示意场上裁判员暂停比赛，由场上裁判员征求执行裁判组成员意见后宣布胜负。

第五节　教练员举牌及复议程序说明

教练员举牌权利：

比赛过程中教练员对裁判员判罚有异议时，可以举白牌示意，经技术代表和裁判组录像审议后，若改判，教练员继续保留举牌权利，若裁判组维持原判，则取消教练员该场举牌权利，同时给予对手1分。

1. 当教练员提出回放录像要求时，他必须坐在座位上举手示意，教练员必须注意不可大声叫喊或采用任何形式干扰裁判员工作。

2. 裁判组看完回放录像之后依次提出复议意见（①场上裁判；②侧面裁判；②执行裁判长），裁判组需要对判罚意见一致，或遵从多数意见。如果裁判组三人意见有分歧，则由裁判长和仲裁小组做最后裁决。

3. 每场比赛双方各有两次申请复议机会，如果第一次复议裁判组维持原判，将给予该教练员口头警告一次，对手加1分。如申请第二次复议还维持原判，将给予该教练员黄牌警告一次取消本单元场上指导资格，其对手将相应增加1分。

4. 如临场裁判误判或严重违规失误，将由裁判长及仲裁小组合意做出正确判罚结果。同时根据实际情况，竞委会将给予临场裁判口头警告、黄牌警告（暂停本单元执裁资格），红牌（取消本次比赛执裁资格）直至终身取消裁判资格并通报批评等处罚。

第六节　摔跤裁判的基本术语

每位裁判必须熟练运用一下术语，这些术语是裁判员之间讨论的术语。

1. SALUT:运动员之间必须相互握手致意。

2. START:要求站在垫子对角的运动员到场地中央相互握手致意并接受检查,然后回到各自的位置等待裁判员吹哨开始比赛。

3. CONTACT:跪撑状态时,场上裁判员令运动员将双手放在下面运动员的背上,站立状态时运动员双方必须进行身体接触。

4. OPEN:运动员必须改变其姿势并采取开放的摔法。

5. DAWAI:场上裁判员激励双方运动员采取更积极的摔法。

6. ATTENTION:在给未处于正确跪撑姿势运动员警告之前,警告消极运动员。

7. ACTION:运动员必须使用已准备开始的动作。

8. HEAD UP:运动员反复用头抵住对手,在这种消极情况下,场上裁判员令其将头抬起来,此时运动员必须将头抬起来。

9. JAMBE:运动员犯了使用腿的错误(古典式)。

10. POSITION:场上裁判员鸣哨之前 ,跪撑状态时双方运动员开始时的姿势(或古典式摔跤中令其接触)。

11. ATERRE:从跪撑状态重新开始比赛。

12. PLACE:运动员在垫子上爬行时,场上裁判员应拍打垫子,并提醒运动员不要逃出界外。

13. DANGER:危险状态。

14. FAULT:犯规动作或违反规则的行为。

15. STOP:暂停比赛。

16. ZONE:如果运动员进入橙色区,必须大声地宣布此词。

17. CONTINUER:当场上裁判员发出此命令时,比赛必须继续进行;由于惶惑运动员暂停比赛看着裁判员等待解释时,场上裁判员也可用此词令比赛继续进行。

18. TIME OUT:由于受伤或其他原因一方运动员暂停比赛,场上裁判员应用此词告诉计时员表示停表。

19. CENTRE:运动员必须回到场地中央,在那里继续比赛。

20. UP:比赛必须从站立状态重新开始比赛。

21. INTERVENTION:侧面裁判员、场上裁判员及执行裁判长召集讨论。

22. OUT:界外使用的动作。

23. OK:动作有效。如果侧面裁判员和执行裁判长所处的位置,使其无法靠近运动员使用动作的地方,场上裁判员应举起手臂示意在场地边缘使用的动作是界内还是界外。

24. NON：此词用于示意动作是无效动作。

25. TOUCHE：此词用于示意运动员被压致双肩着地。出现双肩着地时，场上裁判员应自己默念“TOMBE”，然后用手拍击垫子，而后吹哨示意比赛结束。

26. DEFAITE：对手被打败了。

27. DISQUALIFICATION：由于缺乏体育道德或者有野蛮行为被取消比赛资格。

28. FIN：比赛结束。

29. CHRONOMETRE：接到场上裁判员这个指示，计时员必须开表或停表。

30. GONG：比赛开始或结束时敲锣的声音。

31. JURY：仲裁小组。

32. ARBITRE：场裁。

33. JUGE：侧裁：一场比赛期间，给运动员打分及协助场上裁判员工作的裁判员。他还应将比赛期间所使用的全部动作的分数记录在他的场上记录表上。

34. CHEF DE TAPIS：执行裁判长，对该场比赛负判罚责任。场上裁判员和侧面裁判员意见不一致时，执行裁判长表态支持一方。

35. CONSULTATION：宣布取消比赛资格之前，或场上裁判员和侧面裁判员意见不一致时，执行裁判长和场上裁判员及侧面裁判员进行讨论。

36. AVERTISSEMENT：由场上裁判员宣布对违反规则运动员的制裁。

37. CLINIC：裁判员学习班。

38. PROTEST：仲裁申诉。

39. DOCTEUR：大会医生。

40. VICTORY：场上裁判员宣布获胜运动员。

41. NO JUMP：场上裁判员用此词提醒上面的运动员不要跳起来逃脱或上面的运动员跳起扑向下面的运动员。

42. CLINCH：搂抱。

43. SCORESHEET：场上记分表。

44. ROUNDSHEET：每局对阵表。

45. WINNER：获胜方。

46. VERBAL：口头提醒。

47. PASSIVE RED，PASSIVE BLUE：提醒消极运动员，举起佩戴与消极运动员跤服颜色相同的袖套手臂予以示意。

第二部分

中国式摔跤

第一章 中国式摔跤的起源与发展

中国摔跤历史悠久,至今已有四五千年的历史。我国摔跤运动的兴起和发展与世界摔跤运动的兴起和发展相一致。中国式摔跤运动是中华武术宝库的瑰宝,古代摔跤与拳术合为一体。由摔打、踢、拿组合成的一种徒手搏击技术。据《史记·五帝本纪》“述異记”里说黄帝战蚩尤的时候就有角力,那时称角抵(觳觝)。

公元前十一世纪周朝初期,角力是当时主要军事项目。《礼记》“月令”载:“孟冬之月,天子命将帅讲武,习射御角力。”

秦时角抵在民间已很盛行。据《史记·李斯传》记载:“秦二世在甘泉宫作乐角抵蚩尤之戏”。又据《汉书·武本记》记载:元封三年(公元前108年)作角抵戏,三百里皆来观。

汉代,曹操将角抵收编进百戏之首,汉代角抵在军中很盛行。隋代角力戏有了新的发展。据《隋书》写道:“郡邑百信自正月十五日起观角抵戏,终月而罢。”

唐代角力称为“相扑”。角力与相扑有所不同。以前的角抵主要是较量力量,并允许拳打脚踢和擒拿方法。唐代角力是军中训练士卒徒手搏斗科目之一。唐代宫廷中的相扑有严格的建制,称为“相扑朋”。当时,左右两军有专门从事和训练相扑力士,并出现了不少相扑高手。这时期有了我国第一本摔跤书——《角力记》,详细地记载了我国古代的摔跤发展情况和每个时期摔跤的特点。

五代时角力有了很大进步,在技术上注重轻便灵敏,比隋唐角力技术精益多了,这时也出现了许多闻名的角力能手,如石彦能、王愚子、李存贤等人。

宋代相扑除作为操练士兵手段外,还作为宫廷宴会主要助兴表演节目,并设有专门的组织管理机构,对相扑力士有严格模仿甄别、考试、选拔、晋升、赏赐等较为完善的比赛规则和制度。当时宫廷中专门培养了一批相扑,叫“内等子”。

宋代民间相扑盛行,《水浒传》第七十四回“燕青智博擎天柱”就反映了当时摔跤比赛的盛况。宋代已有了女相扑手。

元代,蒙古名族也把角力(博克)作为军事和体育双重意义开展。

明代时,我国的相扑(角力)由陈元赟传到日本,成为日本现在的“相扑”和“柔道”。

清代,统治者大力提倡相扑,侍卫府专设有“相扑营”,后改为“善扑营”。编有300名相扑力士,这300名相扑力士是专从八旗子弟兵挑选出来的。组成东西两个善扑营。相扑力士,满语称“布库”,俗称“扑户”又称“扑虎”。布库分头、二、三、四,四个等级。每年腊月二十三日、腊月二十九日、正月二十九日是布库给皇帝大臣表演摔跤、晋级、领奖的日子。除此之外,民间练相扑的叫“私跤”。清朝灭亡,善扑营的扑户流散各地,为民间发展摔跤起了一定作用。

1929年举办的第一届国术考试也有摔跤比赛。1933年第二次国考也设有摔跤比赛。1936年、1948年第六届、第七届全国运动会上都有女子摔跤比赛表演。

新中国成立后,由于党和人民政府对人民健康的关怀,大力开展体育事业,发扬民族民间体育,摔跤项目和其他项目一样得到了空前的发展。

1957年,北京体育学院张文广、温敬铭著《中国式摔跤》一书出版。自20世纪80年代起,我国摔跤名家常东昇、袁祖谋先后在美国、法国传授中国式摔跤,为摔跤运动作出了贡献。法中协会每逢双年举办中国式摔跤已经进行了五届。1997年、1998年我国先后在北京和沈阳举办了两届中国式摔跤邀请赛,2006在江苏泰州举行了中国式摔跤国际邀请赛。

目前,欧洲、美洲、非洲和亚洲一些国家中有中国摔跤协会组织,定期举办比赛。中国式摔跤正在世界各地兴起。

第二章　中国式摔跤教学

第一节　中国式摔跤基本功

中国式摔跤非常重视基本功的训练。在练习时,应从基本功开始。

一、倒地功

(一)向前倒地

向前倒地时应尽可能做到屈膝、收腹、抬头、挺胸、两手手指向里,手臂由直缓冲到屈撑。

(二)向后倒地

向后倒地要做到屈膝、低头、收紧下颌、收腹、臀背肩依次着地,手臂比肩背先着地。

(三)向侧后倒地

向侧倒地要做到:体侧倒地,臀部先着地,低头收下颌。

(四)前滚翻

要做到低头含胸、团身,头后部、背、臀依次着地。

(五)后滚翻

要做到低头含胸、团身,臀部、背、肩依次着地。

（六）侧滚翻

要做到手（手指向内）、肩、背、臀、腿、顺序着地。

二、手臂功

摔跤必须有强劲的手和臂的力量，才能抓到把位摔倒人。手臂功练习方式很多，如练哑铃、爬杆、爬绳、单杠、引体向上、俯卧撑、推砖头、练习大棒子、小棒子、拉滑车等。

图 1　练哑铃

图 2　练大棒子

图 3　练小棒子

三、腰腹功

练腰腹的方法有：仰卧起坐、仰卧举腿、悬垂举腿、站立前后下腰，还有摔跤常用的练习——涮腰和长腰。

图 1　涮腰

图 2　长腰

四、腿功

腿功有：正踢、侧踢、摆踢、蹲踢、回踢、横竖叉。
另外摔跤中还有：

（一）挽桩

1. 小挽桩（小转脚）

图1　小挽桩

两手叉腰，两脚开立，提脚跟，两足前脚掌辗地，身体转。

2. 大挽桩（大转脚）

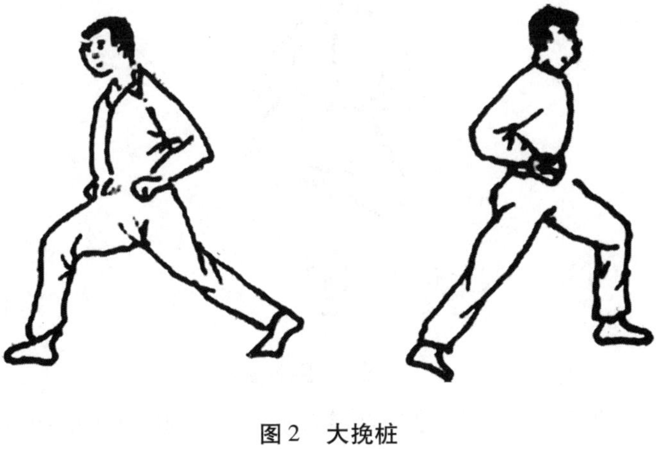

图2　大挽桩

两足开立，大于肩距，两足跟浮地，前脚掌辗地，下肢突然转髋 180 度 上体不动，左右反复转动。

（二）抽腿

图 3　抽腿

抽腿有歇步和背步两种练法：歇步拍腿就是臀似坐在后腿上，前腿从后腿膝盖上抽出。背步抽腿就是一腿在另一腿后侧蹲下抽出前腿。歇步抽腿比背步抽退难度大。

（三）盘腿

图 4　盘腿

盘腿似踢毽的动作，一腿支撑向里辗动，另一腿抬腿向里屈，脚底尽力向上翻。

（四）小外勾腿

图5 小外勾腿

上体挺直，两膝蹲下，两手扶杆，一是由前朝侧回至蹲立，换一足做练习。

（五）挑腿

图6 挑腿

挑腿是挑勾子的走空练习。

五、四点步崩子

跳崩子是揣、搵等贴身技法的基本功。

有原地跳崩子、甩手崩子、背步崩子、盖步崩子等。

图1　四点步崩子

六、器械练习

（一）抖皮条

图1　抖皮条

有原地抖皮条和加上步法练习抖皮条。

（二）抡铁棒

做崩子基本功练习，有原地和加上上步的抡铁棒。如下图所示。

图2　抡铁棒

第二节　跤架 手法 步法

一、跤架

(一)跤架姿势

图1　跤架姿势

分两脚前后而立,一脚在左(右)前方,另一脚在左(右)后方,两脚相距一步远,脚尖里扣,既不成“丁”字形,也不成“八”字形,两腿弯曲或稍屈,身体重心略微偏后,手脚必须一致,即左脚在前时,则左手也必须在前。两肘下垂,两手手指并拢成松握拳状,两手相距10厘米 即肩对肘,肘对膝。

(二)跤架的类型

1. 左架和右架:跤架分为左架和右架。左手、左脚在前的为左架。右脚、右手在前的为右架。极少数人两脚平行站立,为小车架。

2. 高架和矮架:跤架分为高架和矮架。摔跤早就有“高架为熊,矮架为虎”的说法,南方也有分成高、中、低三种跤架的说法,高架站立高又称“龙架”、中架又称“熊架”、低架又称“蛇架”。一般说身材高大习惯高架,身材矮小习惯用矮架。另外还根据个人使用的技术来决定站架的高低。

在两人摔的架式中又分顺架、顶架和异架三种。

二、手法

手法:手法是抓握和解脱的方法,是手和手臂的主要动作。

中国式摔跤手法很重要俗话说“手是两扇门,全凭腿赢人”,又说“输手必输把,输把必输跤”,这说明手法在中国跤中的重要性。

(一)底手和上手

抓对方的把位有主次之分,进攻为主的手就是“上手”或“前手”, 辅助进攻的手就是“底手”或“后手”。一般右架的人,进攻动作多在右边,右手为上手,上手抓的把位有大领、偏门、后带领,底手抓小袖、底岔、偏带等处。上手和底手的使用要灵活机动,根据具体情况和进攻动作的需要而定。

手法分:抢抓、防抓、挣脱、引借、合手把等技法。

(二)其他手法

1. 捅手:为使对方失去身体前后平衡,两手抓握住对方把位后,向前方或斜上方用力一捅。

2. 耘手:为了使对方拾取身体左右平衡,两手抓握住对方把位后,猛烈向侧方一耘横。

3. 揿手:两手抓对方把位后,向斜下方猛揿按。

4. 扽手:抓住对方把位后,用力往回拉扽。

5. 掖手:一手抓住对方把位后,另一手抓对方与手相争手腕向下一挽,然后撒开抓腕改抓对方其他把位。

6. 撕手：为了使对方失去身体平衡，配合步法换手法抓对方其他把位，使对方不易反抓。

7. 捌手：被对方先抓住把位，则以身体两臂，手的配合用力，迫使对方松开揪抓的把位。

8. 蹬手：对方先抓住把位，以手臂及被抓部位的配合，蹬开对方揪抓把位。

9. 借手：对方刚一抓住己方把位，己方立即借用对方的把位，使绊进攻对方。

10. 引手：引诱对方来抓己方把位，借对手抓把之机进招使绊。

这里只是列举了一些常用的手法，中国式摔跤手法很多，例如，架手、推手、托手、掏手、偃手、撑手、散手、绕手等。

三、抓法及解脱

（一）手腕

不管对手是正握腕还是反握腕。用压虎口方法解脱。

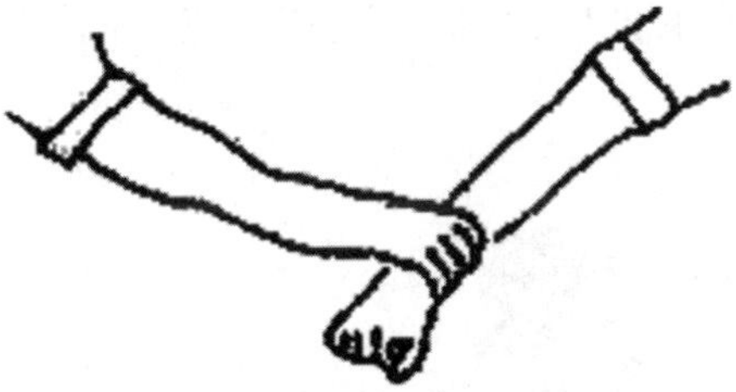

图1　正抓腕

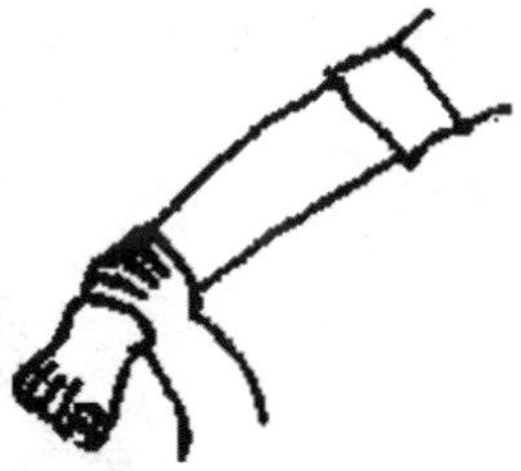

图2　反抓腕

（二）抓肘解法

用屈肘方法解脱。

图3　抓肘

（三）抓衣服各种把位的解脱方法

1. 小袖

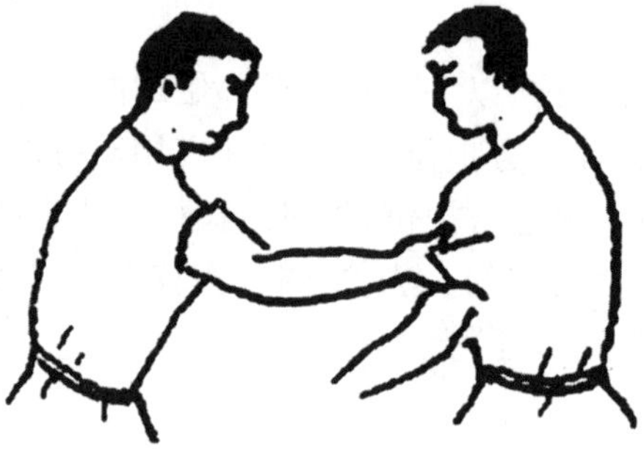

图4　对方一手抓住自己左小袖

A. 用右手抓其右偏门，身体猛向侧后转，右臂用力撑，踭开对方抓小袖的把位。

B. 用左手由外向内侧绕压其手腕，迫使对方松开把位。

C. 用双手握抓靠近袖口的手腕，猛力向前下推压，身体向后用力，解开其把位。

2. 直门

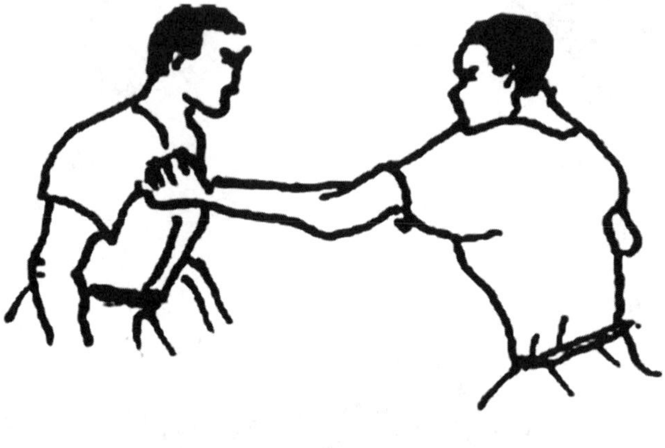

图5　对手一手抓住自己右直门

用左手抓其右偏门，身体猛向侧后转，右臂用力撑，踭开对方抓直门的把。

3. 偏门

用左手抓其右小袖，身体猛向侧后转，右臂用力撑，踭开对方抓偏门的把。

图 6　对手一手抓住自己右偏门

4. 上领

图 7　对手一手抓住自己右上领

用右手按住对手抓大领的手，左手抓其右小袖，用左手撑蹬对手小袖，同时用右手下扒对手抓大领的手解脱。

5. 中心带

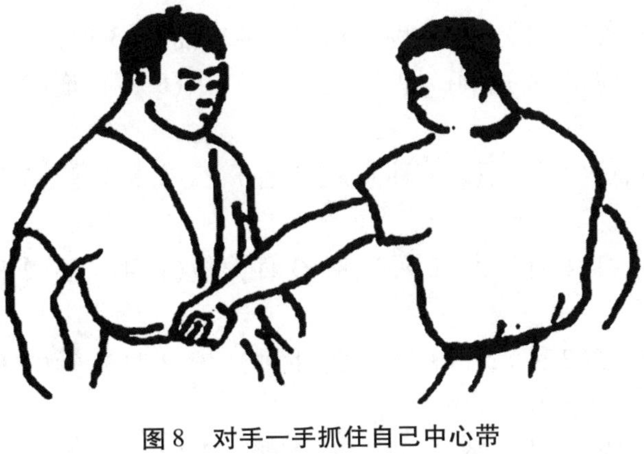

图 8　对手一手抓住自己中心带

用双手按在对手抓中心带的手腕处,用力下推,同时身体向后压缩解脱。

四、基本步法

中国式摔跤的步法很重要。走错步子就可能输跤,步法准确、及时,才能达到进攻的效果。

中国式摔跤的基本步法包括上步、撤步、背步、盖步、跳步、滑步、跟步、车轮步。还有垫步、伸步、败步、三点步、跨步、直步、划步等。

(一)上步:一脚向前或斜前方上一步。

(二)撤步:一脚向后退一步。

(三)背步:一脚向另一脚后外侧背一步。

(四)盖步:一脚由另一腿膝上向前外侧跨一步。

(五)跳步:两脚微跳起,落在预定位置。

(六)滑步:前脚向某一方向移动,另一只脚也跟着向同一方向移动。

(七)跟步:前脚上步,后脚跟上半步。

(八)车轮步:一脚向外划弧,脚尖不离地,另一脚以脚掌为轴随之转动。

五、技术的分类

一、别类　32 种

二、踢类　35 种

三、其他类

1. 挽(9 种)、勾(7 种)、揣(9 种)、撮(12 种)、捆类(3 种)(共 40 种)

2. 切(7 种)、蹩(3 种)、缠(2 种)、耙(9 种)、拱(8 种)、崩(2 种)、刀类(4 种)(共 35 种)

3. 肘(2 种)、拉(1 种)、梫(1 种)、欺(1 种)、扒(1 种)、弹(5 种)、拄类(1 种)(共 12 种)

4. 豁(6 种)、打(8 种)、装(2 种)、掰(3 种)、披(1 种)、挡(2 种)、削类(1 种)(共 23 种)

5. 扠(4 种)、穿(2 种)、拧(1 种)、撳(1 种)、趟(1 种)、垂(1 种)、抹类(2 种)(共 12 种)

6. 捂(2 种)、吸(2 种)、咬(2 种)、搧(2 种)、靠(3 种)、撒(1 种)、杓类(1 种)

(共 13 种)

7. 撕(1 种)、磨(2 种)、摔(1 种)、刮(1 种)、搂(3 种)、涮(1 种)、挤类(1 种)(共 10 种)

8. 管(3 种)、掐(1 种)、拢(1 种)、折(1 种)、倒(2 种)、擞(1 种)、掏类(3 种)(共 12 种)

9. 骑(1 种)、错(2 种)、抹(1 种)、拔(1 种)、捞类(1 种)(共 6 种)

四、按绊倒的方向

1. 后倒类:撮、捆、切、蹩、缠、拉、欺、装、掰、削、耙、趟、咬、磨、拍、打、搂、涮、捞。

2. 前倒类:揣、崩、弹、豁、扠、拉、穿、垂、骑、搵、拱、倒、吸、搧、刮、披。

3. 撤倒类:踢、别、肘、挂、拧、抹、撒、扠、挤、拨。

第三章 中国式摔跤的技术与战术

第一节 常用技术

中国式摔跤的攻防技术繁多,而且复杂。常言是:“大绊子三千六,小绊子赛牛毛”,说明中国摔跤技术动作之多。不管是什么技术动作,都要求在手、腰、腿的协调配合下完成。经常使用的主要攻防技术有:

1. 大拿着踢(泼脚)

动作要领:抓大领、小袖;按、冲、拧、踢、亮。

图1 大拿着踢(泼脚)

2. 架拦踢(架拦脚)

动作要领:抓小袖;提拉、搀架、踢挡。

图2 架拦踢(架拦脚)

3. **大别子**

动作要领:抓大领、小袖;横拉、背步、裹头、别腿。

图3　大别子

4. **支别**

动作要领:抓偏门、小袖;捅拉、背步、支臂、别腿。

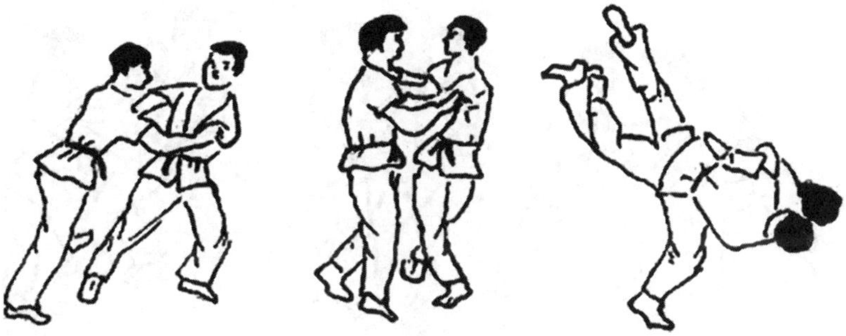

图4　支别

5. **夹颈揣(夹脖入)**

动作要领:抓大领、小袖;横、入、崩、裹。

图5　夹颈揣(夹脖入)

6. 揣

动作要领：抓小袖；捅拉、钻肩、背步、填腰、崩摔。

图6　揣

7. 拿臂搓

动作要领：抓手腕（左手抓对手左手腕）；斜下拉、推臂、垫步搓。

图7　拿臂搓

8. 抱单腿

动作要领：散手、握对方腕；上步、抱腿、扛起、下摔。

图8　抱单腿

9. 抱双腿

动作要领：散手；上步跟步、抱双腿、扛起、下摔。

图9　抱双腿

10. 手别子

动作要领：抓小袖；拉扯、手别、肩抗、甩脸。

图10　手别子

11. 老切子

动作要领：抓大领、小袖；横臂、上手侧、腿切别。

图11　老切子

12. 圈臂挽

动作要领:抓小袖、圈臂;插腿、提臂、长腰、甩脸。

图 12 圈臂挽

13. 穿腿(钻扛)

动作要领:抓小袖;捅拉、钻头、扛起、下摔。

图 13 穿腿(钻扛)

14. 掏腿(抠腿)

动作要领:抓偏门;推、拉、上、掏、欺。

图 14 掏腿(抠腿)

15. **耙（偏门耙）**

动作要领：抓偏门；按挤、耙、捅。

图 15　耙（偏门耙）

16. **缠（窝勾）**

动作要领：抓大领、小袖；上步、夹颈、缠腿。

图 16　缠（窝勾）

17. **大得合（三道腰）**

动作要领：抓偏门、中心带；攘、掖、打、欺。

图 17　大得合（三道腰）

18. 小得合(跪腿)

动作要领:抓小袖;摘、抠、跪、打、合、枕。

图 18　小得合(跪腿)

19. 搂(合脯搂)

动作要领:抓小袖;拉、勒、搂、欺、枕。

图 19　搂(合脯搂)

20. 披

动作要领:抓偏门、小袖;捅拉、入肘、披背、卡腰、甩脸。

图 20　披

21. 里刀勾

动作要领:抓大领、小袖;后攘、耘臂、刀勾、后踹、捅按。

图 21　里刀勾

22. 插闪

动作要领:抓小袖;捅、插、撤、闪。

图 22　插闪

23. 穿裆靠

动作要领:抓小袖;滑、蹲、穿、靠。

图 23　穿裆靠

24. 扒腰靠

动作要领:抓后带、小袖;滑、蹲、扒、靠。

图 24　扒腰靠

25. 里手豁

动作要领:抓小袖;捅拉、上步、蹲桩、豁、翻、亮。

图 25　里手豁

26. 挑(挑勾子)

动作要领:抓大领、小袖;背步、拉裹、挑腿、甩脸。

图 26　挑(挑勾子)

27. 抖鞭

动作要领：双手抓对方腕；拉、圈、上、跟、提。

图 27　抖鞭

28. 拧

动作要领：抓大领、小袖；支、拉、拧、闪。

图 28　拧

29. 搀管

动作要领：抓小袖；拉、搀、滑、管。

图 29　搀管

30. **耙拿**

动作要领：抓大领、小袖；拉、耙、拿、捅。

图 30　耙拿

第二节　常用战术及战术原则

摔跤的目的是为了保持自己平衡，破坏对手的平衡，这是摔跤的本质，是摔跤的根据。

一、战术原则

（一）知己知彼

知己知彼是直接为胜利订出科学而周密战术计划服务的。这一原则对于摔跤比赛来讲是对运动员正确掌握场上主动权的根源条件和首要前提。

赛前必须认真查明对手情况 如，体型、身高、跤架技术特点、绝招、攻守能力、意志品质和心理等。了解得越多越有利制定战术。

（二）规则

规则是法则，比赛是在规则规定的范围内进行的。利用规则来制订战术，利用规则来战胜对手。

（三）机动灵活原则

战术运用应灵活机动，不能千篇一律，每次战术不重复，根据场上变化形式，随机应变。

二、常用战术

（一）根据体型制订战术

中国有句古话:“长怕抱腰,短怕薅,胖子就怕三转悠”。根据体型可采用近战、远战、游击战。

（二）根据对手的竞技能力制订战术

如对手采用速决战术,对方速度快则用控制对方的战术。不怕千招会,就怕一招熟。

（三）根据规则制订战术

在消极区内采用边线战术。如得分后自己体力欠佳,可采用假进攻战术等。

第四章　中国式摔跤竞赛工作

第一节　竞赛场地与器材

一、场地

正规的竞赛场地由硬度适当的海绵垫组成,厚6~8厘米。垫子铺成12米的正方形场地,面上盖上帆布盖单,盖单分为比赛区和保护区,比赛区为8~10米的正方场地,界外为1.5~2米的保护区。

1. 比赛区:场地中心9米直径的圆形为比赛区,比赛区为黄色。

2. 保护区:比赛区边沿至垫子边沿为保护区。保护区的四角有中华名族图腾龙的标记。

3. 比赛开始线:比赛区中间相距3米各标出红蓝线,面向裁判台左红右蓝,开始线场60厘米,宽6厘米。

4. 运动员出场线:沿开始线平行至距垫子边沿50厘米各标出红蓝线,长宽同开始线。

二、器材

1. 磅秤三台,其中运动员驻地放一台,称量体重放两台。

2. 公开计时钟每场地一台。

3. 示分牌,每场地一套记分牌,包括白牌、红牌、蓝牌各两个,红色1、2、3分各两个,蓝色1、2、3分各两个。

4. 每一场地铜锣一面,口哨一只。

5. 每场地翻分牌(乒乓球记分牌)两台,一红、一蓝。

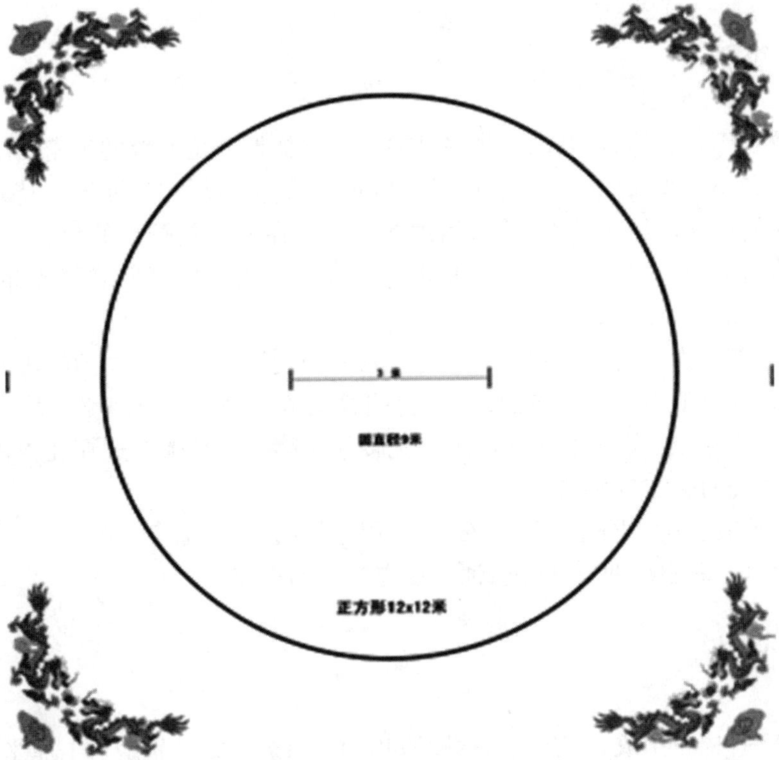

比赛场地图

6. 桌椅若干。
7. 表格齐备。
8. 警告用的三面小旗,插座各场地一套。
9. 秒表。
10. 镜子。
11. 显示器、摄像机。
12. 打印机、复印机、打印纸。
13. 记录表格、笔。
14. 判罚牌。
15. 警告牌:一块,黄色。
16. 罚出场牌:一块,红色。
17. 救护车和担架一副备用。

三、跤服

摔跤衣用六层棉布制成，在领襟、胸襟、小袖抓握部位要缝的稍密。

大号和小号跤衣规格尺寸较中号增减4厘米，袖口增减2厘米。特号跤衣比中号跤衣的尺寸增加8厘米，袖口增加6厘米。在跤衣扎跤带的位置，以侧面中心线向前后15厘米各有一组高3厘米、宽5厘米，相隔2厘米缝制的穿孔，以备穿扎跤带用。

颜色：跤衣为白色。跤衣所有的边缘两面分别缝有3厘米宽的红边或蓝边。

跤带：摔跤带用六层棉布制成，颜色同摔跤衣。特号长4.4米，大号长3.70米，中号长3.40米，带子宽2.5厘米。扎腰带时第一圈必须穿过穿孔再由腹前绕到腰后，再绕回腹前打死结。

表演摔跤衣尺寸同比赛摔跤衣，但外层用红（蓝）绸缎。

运动员着跤服后曲臂90度，袖口要有一拳的空隙。

四、跤裤

灯笼裤（棉布制成）。颜色与摔跤服相同。沿裤缝处分别缝有1厘米宽，间隔1厘米的两条红条或蓝条。裤腿底部距踝骨2～6厘米。

五、跤靴

软底高腰靴。

六、比赛礼仪

运动员上场之前，必须按规定着装，跤衣、跤裤边条颜色要一致。

比赛进行中，运动员必须经场上裁判员同意，才能整理服装。

女运动员跤衣内必须穿无袖紧身上衣，不得穿带有金属或其他硬质框架的胸罩。

七、仪表

1. 运动员颜面要洁净，皮肤暴露处不得涂抹指甲油或色彩。
2. 运动员不得佩戴各种首饰、硬质发夹及硬质护件。
3. 运动员的头发应长于 10 毫米，胡须应刮净，长发必须编扎。
4. 运动员的指甲不得长于 1 毫米。

八、礼节

1. 抱拳礼：持立正姿势，两臂上台至胸前呈环形状，右手握拳，拳眼向脸，左手五指并拢，拇指微屈，掌心压在右拳四指部位，两手合拢瞬间，向前略推。

2. 比赛开始前，运动员站在场地两侧上场线处，看到裁判员进场手势后进场。进场后站在开始线按裁判员手势向对方致抱拳礼。

3. 比赛结束，运动员站在开始线，待场上裁判员宣判结果后，运动员向场上裁判致抱拳礼，然后回到上场线处，相互致抱拳礼后退场。

第二节　裁判人员及其职责

一、裁判人员的组成

1. 总裁判长 1 人，副总裁判长 1 ~ 2 人。每场比赛执行裁判长 1 人、主裁判 1 人、副裁判 1 人、计时裁判 1 人、检录裁判 1 人、编排裁判 2 ~ 4 人、检录长 1 人、宣告员 1 人、医务监督 1 人。

根据比赛规模可酌情安排裁判员和工作人员的人数。

二、裁判人员的职责

1. 总裁判长

(1) 解释规则。

(2)领导裁判人员,负责裁判组的组织工作。

(3)比赛前对场地器材和设备进行总的检查。

(4)当裁判员判定不一致时,可做最后的决定。

(5)裁判员或运动员不称职或发生严重错误时,可建议竞赛委员会给予适当的处理,必要时可停止裁判员职务,取消运动员的比赛资格。

(6)如遇特殊情况(大风大雨等)影响比赛时,可决定是否继续进行比赛。

(7)审定、签署和宣布比赛成绩。

(8)比赛结束后及时做出书面总结。

2. 副总裁判长

(1)协助总裁判长领导裁判组的工作,总裁判长缺席时,代行总裁判长职责。

(2)根据需要也可兼任执行裁判长工作。

3. 执行裁判长

(1)比赛前检查本场地比赛的用具和比赛场地,准备好积分表。

(2)比赛中监督、协调主裁判以及其他裁判员工作。

(3)比赛中在接到主裁判和副裁判判定得分信息之后,即判定得分结果,并举牌示众,将结果记录在得分表内。如主裁判和副裁判得分信息不统一时,执行裁判长可根据场上情况采纳其中一方意见并举牌示众、记录结果。如果执行裁判长持有第三种意见,可召集场上裁判合议并将结果示众。如合议结果不能统一时,报副总裁判长判定。

(4)在比赛中对场上运动员的判罚提出修正意见,意见不能统一时,报副总裁判长或总裁判长判定。

(5)根据场上情况,确定运动员的优势胜利、弃权、取消比赛资格以及对教练员的处罚等事宜。

(6)比赛结束,判定胜负,签署比赛成绩。

(7)协助副总裁判长工作,根据需要也可兼任其他裁判员工作。

4. 主裁判

(1)严格执行规则,公正裁判。

(2)用口令和手势指挥运动员进行比赛、上下场及行礼等。指令比赛的开始、终止或暂停。

(3)根据自己的观察,确定运动员的得分,并向执行裁判长示意,在确认执行裁判长的判定后宣告得分结果。

(4)判定运动员的消极、犯规、不礼貌行为和警告处罚并宣告,确定临场治疗事宜。

(5)注意观察执行裁判长和副裁判长的提示,必要时暂停比赛,处理相关事宜。

(6)宣告比赛结果。

(7)协助注意观察执行裁判长工作,根据需要也可兼任其他裁判员工作。

5. 场上副(侧面)裁判员职责

(1)根据比赛上绊倒情况独立扣分,及时举牌表示自己判分意见。

(2)根据运动员场上表现“消极”或“犯规”等立即给出手势,示意给主裁判。

(3)双方运动员遇有合议时,有权参与表决。

6. 计时员职责

(1)鸣哨或鸣锣告示主裁判“比赛开始”“比赛结束”。

(2)根据场上裁判员口令,将暂停比赛时间扣除。

7. 记录员职责

(1)记录双方运动员得分。

(2)当一方运动员得分超过 3 分时,立即鸣锣宣告比赛结束。

8. 检录员职责

(1)负责检录运动员入场比赛。

(2)验证入场比赛运动员姓名。

(3)保证场上比赛时间不中断,预先做好下场比赛准备工作。

(4)每一分钟点名一次,三次点名未到,即通告记录员该运动员放弃比赛。

第三节　竞赛制度与编排

根据中国式摔跤竞赛规程规定,确定比赛性质,是个人赛还是团体赛,根据竞赛性质,确定录取个人名次,团体名次。确定竞赛制度,竞赛制度有淘汰制和循环制,我国大多采用循环制。

一、编排

编排工作是整个赛程一个重要的组成部分,它直接影响比赛的进程,所以必须组织一个强有力的编排班子。

我国举办中国式摔跤竞赛，多采用循环制。循环制的编排原则：同一单位有两个人参赛，必须在第一轮相遇；轮次的先后顺序是：每一轮的转动，必须按逆时针方向，如参赛人数是单数，则第一位是“0”号，无论参赛人数是单数还是双数，一号位始终不动。

例：4 人参赛的编排方法（循环制）

第一轮	第二轮	第三轮
1－4	1－3	1－2
2－3	4－2	3－4

5 人参赛的编排方法（循环制）

第一轮	第二轮	第三轮	第四轮	第五轮
0－5	0－4	0－3	0－2	0－1
1－4	5－3	4－2	3－1	2－5
2－3	1－2	5－1	4－5	3－4

注：凡与 0 号相遇，为轮空一场。

循环制场数计算公式：场数＝｛人数（人数－1）｝/ 2

例如：5 人参赛，那么场数＝｛5（5－1）｝/ 2＝10 场

轮次：奇数轮次＝人数，偶数轮次＝场数－1

例如：5 人参赛就是 5 论，4 人参赛就是 4－1＝3 轮

二、判定胜负

1. 优势胜利。比赛中双方得分各自累计相差 9 分时，即终止比赛，判得分多者优势胜利。

2. 比赛中一方因故不能继续比赛者，判负，对方获胜。

3. 比赛中一方被罚取消比赛资格，判对方获胜。

4. 双方得分相同，则判得 3 分多者胜；若相同，则判 2 分多者获胜；若还相同，则判技术得分多者获胜；若还相同，则判体重轻者获胜；若还相同，抽签决定。

三、名次确定（循环制）

（一）按积分的多少来确定个人名次，积分多者名次列前。

（二）如两人积分相等，则按两人在比赛的胜负确定名次，胜者名次列前（如

果不分胜负，则按前“二、判定胜负”中“4”条确定胜负）。

（三）如两人以上的积分相等，又循环互胜，则按下列程序确定名次。

1. 获得优势胜利多这名次列前（净胜3分为优势胜利）。

2. 比赛中受罚少者名次列前。

3. 预赛或决赛中净胜分多者名次列前。

（四）参加预赛或决赛的场数达到或超过一半时，按其积分多少确定名次，其余未进行比赛的场数，均按弃权处理，判对方获胜。

（五）循环制分数评定，胜者得2分积分，平局各得1分积分。

四、团体名次确定

（一）按各单位参赛运动员在各级别比赛中被录取名次的总和确定名次，得分多者，名次列前。

（二）如两个或两个单位团体总分相等，则判获得第一名多的单位名次列前；第一名相等，则判获得第二名多的单位名次列前，在相等依此类推。

（三）团体循环对抗赛时，每场比赛结束后，胜者计2分，负者计1分。无故弃权者，计0分。如果比赛进行中一方弃权，已有技术分，则按场上的技术分记录。以此原则确定名次。

（四）每个级别录取几名及每个名次各得几分，由主办单位在竞赛规程中规定。

第五章　中国式摔跤的竞赛规则

第一节　竞赛程序

中国式摔跤比赛规则根据国际奥委会“更快、更高、更强”的精神,促进竞技性、观赏性、规范性竞赛的原则而制定。

1. 竞赛性质

(1)个人竞赛:以个人在所属级别内竞赛所取得的成绩,确定个人名次。

(2)团体竞赛

①以每个团体所有进入决赛的运动员的成绩总和确定团体的名次。

②以每个团体参赛队胜负场次的总和积分确定团体名次。

2. 竞赛制度

竞赛制度分为淘汰制和循环制。

3. 组别及体重级别

(1)按照性别组别分为男子组和女子组。

(2)按照年龄组别分为男女成年组(18 周岁以上)、男女青年组(15 ~ 17 周岁)和男子少年组(12 ~ 14 周岁)

(3)体重级别。

①男子:

a. 成年组:52kg、56kg、60kg、65kg、70kg、75kg、82kg、90kg、100kg、115kg

b. 青年组:48kg、52kg、56kg、60kg、65kg、70kg、75kg、82kg、90kg、100kg

c. 少年组:40kg、44kg、48kg、52kg、56kg、60kg

②女子:

a. 成年组:48kg、52kg、56kg、60kg、65kg、70kg、75kg、82kg

b. 青年组:44kg、48kg、52kg、56kg、60kg、65kg、70kg、75kg

4. 称量体重和抽签

（1）运动员比赛前一天进行体重秤量，称量时间在一小时内完成。期间运动员可以按规定称两次体重。

（2）由总裁判长领导，检录长负责组织裁判员组成称量体重组，实施运动员体重的称量。

（3）运动员称量体重时，应赤足，男子穿短裤，女子穿短裤和紧身上衣。如果运动员体重低于或超过原属级别，并在规定时间不能达到原属级别则按全部弃权论处。

（4）运动员称量体重后，由本人抽签，根据抽签结果进行编排。

5. 比赛场数、时间

（1）比赛场数

①运动员在一天内的竞赛场数原则上不能超过 4 场。

②如有特殊情况可赛 5 场，但场与场中间至少休息 15 分钟。

（2）比赛时间

每场比赛净时 4 分钟，上下半场各 2 分钟，中间休息 30 秒。

（3）比赛中一切暂停时间均应扣分。

6. 比赛中的信号

（1）准备上场信号：裁判台计时员鸣哨示意，运动员站在上场线做好上场准备。

（2）上场信号：场上裁判员做出两臂侧平伸后呈向上 90 度弯曲，掌心向内。运动员即刻上场。

（3）开始比赛信号：场上裁判员发出"预备，开始"的口令，运动员开始比赛。

（4）停止比赛信号：场上裁判员发出"停"的口令，运动员即刻停止比赛。

（5）比赛结束信号：裁判台计时员鸣哨或鸣锣（钟）。鸣哨为半场结束，鸣锣（钟）是终场结束。

7. 临场教练员

（1）临场教练员（1 人）必须着运动服、运动鞋，坐在指定的席位上。居间休息时可向运动员进行指导和放松。

（2）比赛进行中，临场教练员不得以各种方式干扰裁判员工作，不得用语言、手势等肢体动作侮辱裁判员，不得进入比赛场地。

（3）如果对判罚有意义，可在本场比赛结束后，按规定程序向仲裁委员会提出申诉。裁判不受理任何异议。

第二节 得分标准

一、进攻有效与无效

1. 在比赛区内使用动作将对方摔倒在比赛区或保护区内，判进攻有效。
2. 在比赛区内将对方摔倒后，自己踏入或跌入保护区内，判进攻有效。
3. 对方摔倒与自己踏入保护区同时发生，判进攻有效。
4. 故意将对方推出或抱出比赛区，判进攻无效。
5. 踩着对方的脚，或松开后立即进攻，判进攻无效。
6. 使用犯规动作进攻，判进攻无效。
7. 场上裁判员叫停后仍然进攻，判进攻无效。
8. 将对方摔倒触地与鸣哨（锣）同时发生，判进攻有效。
9. 将对方摔倒触地在鸣哨（锣）之后发生，判进攻无效。

二、得 3 分标准

动作快速，干脆利索，将对方摔成两脚离地，身体成腾空状，并使其躯体产生翻转，躯干着地，自己保持站立姿势。

三、得 2 分标准

1. 动作快速，干净利落，将对手摔倒成躯干着地但没有腾空，自己保持站立姿势。
2. 将对方摔成 3 分状，自己“第三点”随后触地。
3. 对方教练员被罚出场。

四、得 1 分标准

1. 将对手摔除 3 分、2 分情况外的“第三点”着地。

2. 自己“第三点”未触地，对方身体任何部位出保护区。
3. 将对手摔倒后，摔方失去重心随之倒下。
4. 双方同时倒下，躯干在上者。
5. 对手收到警告处分。

五、互不得分

1. 双方同时倒下，身体不分先后上下，则互不得分。
2. 双方同时出界。

第三节 犯规动作与处理

一、侵人犯规

1. 使用反关节动作伤害对手。
2. 用手、肘、膝、头部撞击或击打对方生殖器官者。
3. 用脚尖踢对手或用脚蹬踹对手者。
4. 用脚踢弹对手小腿中部以上部位者。
5. 用手按对手的脸面部位或咽喉或抓对手头发者。
6. 双手搂抱对手头、颈者。
7. 已将对手摔倒还故意压砸对方者。
8. 将对手抱起使之失去控制能力，人将对方头朝下垂直下摔，有意伤害对手者。

二、技术犯规

1. 场上裁判发出开始口令之前或叫停之后，仍然进攻者。
2. 比赛进行中，作为教练员、助手干扰比赛或进入场地者。
3. 比赛进行中，自行停止比赛者。
4. 比赛中故意抓对手裤子者。

5. 女运动员故意抓对手内衣者。

6. 比赛中故意倒地者。

7. 比赛中佩戴饰物或坚硬护具者。

8. 比赛进行中,跤衣带、跤鞋带松开者。

9. 有违背摔跤运动道德和运动精神的言行。

三、消极

1. 比赛进行中,不主动抓握,被对手抓握后又多次逃脱,逃脱后不积极抓握进攻,仍有意逃避达 15 秒者。

2. 比赛进行中,抓住有利把位而不主动进攻达 15 秒者。

3. 比赛进行中,双手抓住对方,但不使用动作故意拖延比赛时间达 15 秒者。

4. 比赛进行中,用头顶撞对方,故意拖延比赛时间达 15 秒者。

5. 比赛进行中,仅使用假进攻动作而无真正进攻意图达 15 秒者。

6. 比赛中,主动进入保护区者。

7. 倒地后不立即起身,故意拖延比达 5 秒者。

8. 因对手无意轻微犯规而故意作受伤状,经医生诊断后仍不积极比赛者。

四、犯规处理

1. 有严重侵人犯规,违背摔跤精神、道德行为者,按情节轻重,取消其该场或全部比赛资格,并不得参与最佳技术运动员评选。

2. 一般无意犯规给“教育”“告诫”处理,在犯规给“警告”处理,第三次再犯者,则取消该场比赛资格。

3. 在比赛进行中,若情况对犯规运动员有利,应立即停止比赛,给犯规运动员相应的处罚。

4. 如果犯规情况对犯规运动员不利时,则不停止比赛,待这一行动结束后,暂停比赛给犯规运动员相应处罚。

5. 用犯规动作将对手绊倒,不给分,并根据情节轻重,给犯规运动员相应的处罚。

五、运动员受伤处理

1. 比赛期间，经大会医生认为一方运动员因身体情况不宜继续参加比赛，则判对手获胜，该队员再参加比赛须有大会医生证明，否则不准参加比赛。

2. 比赛进行中，一方运动员因受伤（不因对手犯规致使）而不能继续参加比赛时，场上裁判员可宣布比赛暂停，但暂停时间不能超过两分钟，如果受伤者仍不能继续进行比赛，则判受伤运动员本场比赛为负，保留其技术得分。

第四节　判定胜负和确定名次

一、判定胜负

1. 累计积分多者胜。

2. 优势获胜。比赛中双方得分各自累计相差 9 分时，即终止比赛，判得分多者优势获胜。

3. 比赛中，一方因故不能参加比赛者，判负，对方获胜。

4. 比赛中一方被处罚取消比赛资格，判对方获胜。

5. 双方得分相同，则判获 3 分多者胜；若相同，则判获 2 分多者胜；若还相同，则判技术得分多者胜；若还相同，则判体重轻者胜；若还相同，抽签决定。

二、个人名次

1. 淘汰赛时直接产生第 1、2 名，负于第一名者为第三名，负于第二名者为第四名，以此类推。

2. 循环赛时，每场比赛结束后，胜者计 2 分，负者计 1 分，无故弃权者计 0 分。其中技术（小分）为 0∶0（不算优势胜利）。如果比赛中一方弃权，已有技术分，则按场上的技术分记录。

3. 全部比赛结束后，按积分（即积分的总和）的多少确定个人名次，积分多者名次列前，少者名次列后。

4. 若两人积分相等，则按两人在比赛中的胜负确定名次，胜者名次列前。

5. 若两人以上积分相等，则以他们之间的比赛胜负确定名次。

6. 如两人以上积分相等又为循环互胜，则按第五款判定名次。

7. 参加预赛或决赛的场数不到一半者，成绩全部作废，不计名次，曾与其参加比赛的对方成绩均予以注销。

8. 参加预赛或决赛的场数已达到或超出一半时（如应赛六场，已完成三场或三场以上）应按其积分确定名次，其余未进行比赛的场次，均按弃权论处。

三、团体名次

1. 按各单位运动员在各级别比赛中被录取名次的总和确定名次，得分多者名次列前，少者列后。

2. 如遇两个或者两个以上单位团体积分相等，则判获得第一名多的单位名次列前；若再相等，则判获得第二名多者名次列前；以此类推。

3. 团体循环对抗时，每场比赛结束后，胜者计 2 分，负者计 1 分，无故弃权者计 0 分。其中技术（小分）为 0∶0（不算优势胜利）。如果比赛中一方弃权，已有技术分，则按场上的技术分记录。

4. 每个级别录取几名以及每个名次各得几分，由主办单位在竞赛规程中规定。

第五节　裁判方法及手势口令

一、裁判方法

1. 每场比赛由一名执行裁判长、两名场上裁判（一名主裁判、一名副裁判）负责比赛的裁判工作。执行裁判长坐在裁判台（保护垫 2 米）；主裁判在比赛区或左侧（面向裁判台。下同）保护区；副裁判在右侧保护区。

2. 比赛中每当出现运动员“第三点”着地，主裁判应即刻发出“停”的口令，场上裁判应根据各自的观察，向执行裁判长做出判决手势，若无明显错判，执行裁判长必须同意其中一方或双方（主副裁判）的判决，并举牌示意。主裁判根据执行裁判长的判定做出宣告。

3. 执行裁判长若认为场上裁判的判决为明显的错判、漏判，可召集场上裁判协商后重新判定，或报副总裁判长和总裁判长做出决定。

4. 场上裁判员若认为执行裁判长有明显的错判、漏判，也可以向其要求复议。

5. 场上裁判员（主、副）认为有运动员消极、犯规行为，应向执行裁判长示意。若场上裁判员同时示意，则执行裁判长应立即判定，由主裁判宣告。若场上裁判员示意，执行裁判长则根据自己的判断决定是否判定。主裁判有权先停止比赛，再征求判罚。

6. 比赛中教练员出现违反规则现象，场上（主、副）裁判员应向执行裁判长提出处罚意见，由执行裁判长决定是否处罚。一经决定处罚，由执行裁判长向违规教练员出示警告牌或令其离开现场。

7. 双方相互抓握对方均无进攻意识，可暂停比赛，重新开始。

二、裁判员手势口令

1. 运动员上场：主裁判站在跤台中央面向裁判台，两臂向两侧平举，手心向上，五指并拢，然后做肘弯曲，两上臂向上 90 度，手心向内；待运动员走到比赛开始线，两臂下摆，指向双方开始线，待双方运动员行礼后收臂。

2. 征询开始比赛：主裁判面向裁判台持立正状，右臂前举，掌心向前，得到执行裁判长答复后放下。

3. 开始比赛：主裁判持立正状，左脚向前跨一步，右臂向两侧下抬起与身体成 45°角，掌心向前，并发出“预备”口令，然后两臂直臂摆动至身体前方呈交叉状与身体成 45°角，五指并拢，掌心向下，同时发出“开始”口令。

4. 暂停或停止比赛：主裁判右臂向前伸直，五指并拢，拇指在上，指向运动员，同时发出“停”的口令。

5. 得 1 分：场上裁判面向执行裁判长，一臂（左红右蓝）向前平举，伸出食指。

6. 得 2 分：场上裁判面向执行裁判长，一臂（左红右蓝）侧举，小臂成 90°角向上，伸出食指和中指。

7. 得 3 分：场上裁判面向执行裁判长，一臂（左红右蓝）伸直上举，伸出拇指、中指、食指。

8. 红（蓝）方得分：主裁判看执行裁判长决定后，一臂（左红右蓝）侧举，掌心向上指向得分方，发出“红（蓝）方”口令，同时做出得分手势，发出“1（2、3）分”口令。

9. 互不得分:两臂体前斜下举,掌心向后,然后摆动交叉于体前。

10. 准备消极判罚:一方运动员消极达 10 秒时,场上裁判员一臂(左红右蓝)侧举,五指并拢,掌心向上,在腰腹处反复屈肘摆动 5 秒钟,手臂摆动中,若消极一方开始进攻,则停止摆动,重新计时。

11. 警告:主裁判一臂(左红右蓝)屈肘侧上举,握拳,掌心向前,同时发出"红(蓝)方消极(技术犯规、侵人犯规)警告一次"口令。

12. 出界:一臂(左红右蓝)向前伸直,五指并拢,拇指在上,在体侧前后摆动两次。

13. 服装整理:面向需服装整理的运动员,两掌放在左右腰腹处,指尖向下。

14. 宣告胜负。

参考资料

[1] 张连强,马忠义.《现代摔跤与训练》. 陕西人民出版社,1998.4.

[2] 国家体育总局摔跤教材编写组.《中国体育教练员岗位培训教材》. 人民体育出版社,2003.7.

[3] 刘卫军.《摔跤》. 北京体育大学出版社,2003.4.

[4] 傅永均,满宝珍.《中国跤术》. 人民体育出版社,1985.3.

[5] 黄斌.《中国式摔跤》. 人民体育出版社,1993.6.

[6] 周世彬,聂宜新.《摔角技法与摔角史料》. 学林出版社,2001.6.

[7] 2005、2009 年国际摔联两次修改竞赛规则的内容. 国家体育总局重竞技管理中心.

[8] 《中国式摔跤裁判员岗位培训学习资料》. 中国摔跤协会,2007.6.